Rita Henss

Pralinen, Bier und Alte Meister
Spitzen aus Flandern

Rita Henss

Pralinen,
Bier und
Alte Meister
Spitzen aus
Flandern

Picus Lesereisen

Picus Verlag Wien

Informationen über das aktuelle Programm
des Picus Verlags und Veranstaltungen unter
www.picus.at

Inhalt

Verführung über den Gaumen

Mit einem Abend in Gent nahm eine lange flämische
Liebesgeschichte ihren Lauf

Eine junge Frau liegt auf der Rückbank ihres Autos,
eng am Hinterausgang eines Genter Restaurants,
gegenüber den Mauern eines kleinen Theaters. Ohn-
mächtig? Gar tot? Nein, nur schlafend. Nach einer
langen Fahrt schlummert sie nun in Vorbereitung
dessen, was an diesem Abend noch kommen soll.
Ein Dinner vom Feinsten. Zu ihrem Geburtstag. Ein
Freund eines Freundes steht am Herd dieser, wie
man ihr sagte, außergewöhnlichen Speiseadresse.
Sie trägt einen wunderschönen Namen: Flore. Auch
Architektur und Ausstattung des Lokals sind von
besonderer Schönheit: ein kleiner Wasserlauf quer
durch den hohen Raum, rohe Wände, ein gigan-
tisches Gemälde. Ein Tempel der Genüsse, kühn,
karg, mit viel Platz für das Wesentliche. Der Abend
wird ein Fest ohnegleichen, ein Ereignis, das der
jungen Frau eine Ahnung gibt von der barocken
Gaumen- und Lebenslust der Flamen.

Es ist nicht ihre erste Begegnung mit Flandern.
Aber die anderen waren anders. Urlaubsimpres-
sionen. Besichtigungstage an der Küste mit ihren
Jugendstilbädern. Den dicht gedrängten Apart-
menttürmen: vielgeschossige Panoramafenster-
Festungen vor dem weiten, hellen Strand.

Stippvisite in Brügge. Eingefrorenes Mittelalter.

Voll von geschichtstrunkenen japanischen Reisegruppen und biersüchtigen britischen Wochenendbesuchern. Touristenmenü am Rande des 't Zand, jenes Markt- und Flohmarktplatzes, auf dem inzwischen der backsteinrote Walfisch des Concertgebouw gestrandet ist. Das Apartment lag in einer stillen Straße, mit Gärtchen sogar. Niemals wieder gefunden in all den Jahren. Vieles blieb einmalig. Die Bootstour auf der Leie etwa oder der Anblick des Genter Altars. Nur in dem Bed & Breakfast, war sie erneut zu Gast. Und in dem winzigen Bistro, von dem sie zwar noch weiß, wie es heißt, aber nicht mehr, was die merkwürdige Buchstabenkombination des Namens bedeutet.

Andere Eindrücke, Situationen, Stationen weiteten die Palette der Erinnerung. Da sind die weihnachtlichen Fischeinkäufe an der Küste, das Rodenbach-Bier in der Kneipe neben dem Laden. Die Fritten aus der Tüte, gekauft am Wagen. Zweimal müssen sie gebacken sein! Da ist, viel später, die Fahrt mit der Tram, zwischen Dünen und Meer. Das Frühstück in der Gästevilla mit maritimer Dekoration überall, vom winzigen Bad bis zum Frühstücksbüfett. Da ist die Suche nach Einsteins zeitweiligem Domizil nach der Rückkehr aus den Vereinigten Staaten. Und der Spaziergang im Naturschutzgebiet Het Zwijn. Da ist die Begegnung mit den Eisenbahn- und Frauenbildern Paul Delvaux' unter (sic!) blühenden Blumenbeeten – und jene mit den Krabbenfischern, am frühen Vormittag, im weiten, nassen Saum von *het zee*, wie die Flamen das Meer nennen. Da ist auch die fröhliche Tafelei im restaurierten Casino von Oostende und das prickelnde *Geuze*-Bier auf der Zunge im Angesicht Bruegel'scher Gemälde, mitten in den Feldern des Pajottenlandes. Da ist die Begegnung mit Jacques Brel, seinen Liedern und seinem Leben, hautnah, fast im Gespräch. Da erfreuen sich die Augen an den fantasiesprühenden Kreationen der Jugendstilbaumeister Horta und Van de Velde, schmunzeln Lippen und Geist über jene der Comic-Zeichner, mit Helden von Tim und Struppi bis Lucky Luke.

Gigantische Wandbilder, lauschige Beguinenhöfe, trutzige Wasser- und Rosenschlösser, Braustätten, Genever-Brennereien, Designermode hinter Garagentoren – immer dichter wob sich das Flandern-Tableau im Lauf der Zeit. Der Hafen von Antwerpen kam hinzu, die von allen Pedaltretern der Flandernrundfahrt gefürchtete Himmelsleiter in Geraardsbergen, die Kolonie der flämischen Expressionisten Sint-Martens-Latem. Und ein Ring mit einem winzigen Diamanten, geschliffen im »Jerusalem des Nordens«.

»Mein flaches Land, mein Flandernland«

Jacques Brel zählt zu den berühmtesten Chansonniers der Welt. Erinnerungen in seiner Heimatstadt Brüssel

»Les fla-, les fla-, les flamandes ...« Wer kennt sie nicht, die melodiöse Liebeserklärung Jacques Brels an die Fläminnen? Oder sein flehendes »Ne me quitte pas«? Seinen schwindelerregenden »Valse à mille temps«, jene Karussellfahrt im Tausendvierteltakt als verrückte, moderne Antwort auf die mittelalterlichen Totentänze? Sein zärtliches »Marieke«, seinen »Jef«, für den, so vermuten Kenner, Eduard Cailleau das Vorbild lieferte, ein Programm-Ansager, den Brel im »Chez Paul au Getty« im Keller der Music Hall Gaité kennengelernt hatte und der ihn schließlich auch auf seiner Abschiedstournee begleitete?

Unzählige Bühnentriumphe feierte der charismatische belgische Chansonnier; und obwohl er seine Freiheit nicht nur beim Reimen seiner Refrains beanspruchte, sondern auch im persönlichen Liebesleben (oder gerade deshalb?), wecken seine Kompositionen bis heute eine breite Palette von Emotionen.

»Eigentlich hätte ich im Kongo geboren werden sollen«, gestand Jacques Brel einst in einem Interview. Seine Eltern lebten fast ein Vierteljahrhundert in dem zentralafrikanischen Staat, den Belgiens König Leopold 1885 mit Hilfe der Berliner

Kongo-Konferenz zu seinem »Privatbesitz« erklärt hatte; ein einzigartiger Coup in der gesamten Kolonialgeschichte.

Aber dann tat der kleine Jacques doch seinen ersten Atemzug in Brüssel, am 8. April 1929, im damals noch sehr ländlichen Stadtteil Schaerbeek. Viele der Bewohner dort waren Kirschbauern, die ihre kleinen, säuerlichen Früchte, die dem berühmten *Kriek*-Bier seinen charakteristischen Geschmack verleihen, mit dem Eselkarren auf den Markt im Zentrum brachten. Schon Magritte liebte diesen dörflichen Vorort sehr und verbrachte dort viele Jahre seines Lebens.

Romain und Lisette Brel logierten zum Zeitpunkt der Geburt ihres zweiten Sohnes in der Avenue du Diamant Nummer 138, einem bürgerlich vornehmen Haus mit Kutscherpforte und Loggia. In einem Zimmer im zweiten Stock kam der kleine Jacques zur Welt – um drei Uhr morgens. Doch kaum war der neue Erdenbürger ein paar Monate alt, übersiedelte die Familie schon in die Avenue des Cerisiers 55, ebenfalls in Schaerbeek. Zwei Jahre verbringen die Brels in ihrem neuen Haus in der Kirschbaumstraße, einem typischen Brüsseler Bau der »années folles«, der verrückten zwanziger Jahre. Drei weitere Umzüge während Jacques' Kindheit und Jugend folgen; der Grundstein für sein späteres unruhiges Leben ist damit wohl gelegt. Kein Wunder, dass die Spuren des Sängers in seiner Vaterstadt nicht nur zahlreich sind, sondern auch in alle Himmelsrichtungen weisen: von Saint-Josse mit dem Pfadfinderclub nach Anderlecht, wo

Vater und Onkel eine Kartonagenfabrik betrieben, in der für Jacques eine Kaufmannskarriere vorgesehen war, von Laeken nach Uccle.

Doch bleiben wir erst einmal im Herzen der Metropole. Hier ist es ein Leichtes, dem Nomaden und Nachtschwärmer Brel zu begegnen. An der Place de Brouckère etwa, dort wo »Brüssel brüsselte«, wie es in seiner vertonten Liebeserklärung (»Bruxelles«) an die Heimatstadt heißt. Wo es einst sang in der Zeit der Belle Époque, wo Männer in Frack und Zylinder promenierten, Frauen in Krinolinen kokettierten und die Pferdetram durch die Straßen holperte. Zwar fährt jetzt die Metro an ihrer Stelle und die Fahrbahnführung wurde drastisch geändert. Und auch das Ladengeschäft von »Madeleine«, der hübschen Blumenhändlerin, die Jacques im gleichnamigen Lied in der Tram Nummer 33 zum Feinkosthändler und Frittenbäcker Egon fahren lässt, wurde ein Opfer der Zeit: Es birgt nun eine Apotheke.

Aber das »Métropole« ist noch da, jenes Grandhotel aus der guten alten Zeit. Brels Teamkollegen logierten dort 1968, als er – unter anderem im plüschigen Fin-de-Siècle-Dekor des nahen Café »Le Cirio« – den Film »La Bande à Bonnot« drehte. Denn Brel triumphierte nicht nur auf Music-Hall-Bühnen von London bis Montreal; er agierte auch ein gutes halbes Dutzend Mal vor und hinter der Kamera, unter anderem mit Claude Lelouch und Marcel Carné. Der alte marokkanische Bellboy vom »Métropole« kann sich noch gut an den »freundlichen« Herrn Brel erinnern, und an den Abend, als dieser mit seiner Filmmannschaft im Foyer unvermutet dem Schauspieler und Sänger Yves Montand sowie dessen Komikerkollegen Louis de Funès begegnete. »Es wurde eine lange, fröhliche Nacht voller Lachen.«

Im gleichen Jahr, in dem Brel, Montand und de Funès im »Métropole« durch Zufall aufeinander trafen, feierte am nahen Opernhaus De Munt Brels »L'homme de la Mancha« Premiere, eine von dem Schaerbeeker Chansonnier gestaltete Musicalversion des Don-Quichotte-Stoffs. Brel höchstpersönlich gab den Titelhelden, sein Freund Dario Moreno mimte den Sancho Pansa. Fünfunddreißig Aufführungen standen auf dem Programm, einer der Songs, »La Quête« (in der englischen Version: »To dream an impossible dream«), wurde ein regelrechter Hit. Mit dem plötzlichen Tod Morenos im Dezember 1968 am Istanbuler Flughafen endete dieser Bühnentriumph allerdings abrupt.

Nach den Vorstellungen oder Drehtagen traf sich Brel gern noch mit den Kollegen im »Café de l'Opéra« oder im altmodisch verspiegelten Biertempel »La Mort Subite« – wo Fans sein fotografisches Originalkonterfei dreist von der Wand entwendeten, sodass dort heute nur noch, wie der Kellner augenzwinkernd verrät, eine Schwarz-Weiß-Kopie hängt. Gern ging Brel auch ins »Vincent« mit den stürmischen Fischerszenen an den Kachelwänden. Oder ins Restaurant »Taverne du Passage« in der Galerie de la Reine. Dort aß er am liebsten die Krebskroketten, *les croquettes de crevettes grises*. Im »Aux Armes de Bruxelles«, einer der wenigen

Traditionsadressen im benachbarten, inzwischen recht touristischen Fressviertel Ilot Sacré, orderte er indes meist das belgische Nationalgericht, Muscheln mit Fritten. Und angeblich fragte er dort immer nach dem gleichen Tisch: Nummer 225, in der Rotunde.

Doch Jacques fand in den Gassen der »Heiligen Insel«, die damals ein echtes Künstlerviertel war, mit unzähligen *cabardouches*, winzigen Kabaretts und Clubs, nicht nur Füllung für den Magen. Seine Sängerseele erhielt hier ebenfalls ihre erste Nahrung. Im »Grenier«, dem Dachgeschoss des Cabarets »La Rose Noire« in der Petite Rue des Bouchers, der kleinen Metzgerstraße, hatte der Schaerbeeker Fabrikantenfilius sein erstes festes Engagement. Stammgast Georges Moustaki setzte dem Etablissement in einem halb fiktiven, halb wahren Detektivroman gleichen Titels ein literarisches Denkmal; Duke Ellingtons spontane Jazz-Sessions in der »Schwarzen Rose« sind Legende. Auch im »Welcome« nebenan, im Jazzclub »Blue Note« in der Galerie des Princes, wo heute die Buchhandlung »Tropismes« untergeschlüpft ist, im engen, inzwischen zerstörten Kellergewölbe des »Le Coup de Lune«, um dessen Bollerofen sich seinerzeit sogar vornehme Damen im Pelzmantel drängten, oder im Cabaret »Le Lion d'Or« (heute das Restaurant »Le Lion Saint-Géry«) an der Place Saint-Géry ließ Brel seine Gitarre und seine Stimme erklingen.

Ein halbes Dutzend Auftritte pro Abend waren für den rebellischen jungen Bürgersohn keine

Seltenheit. Mitte der fünfziger Jahre dann, nach ersten Erfolgen im Pariser »Olympia« und einer Nordafrikatournee, muss der Brüsseler sich auch in seiner Heimatstadt nicht mehr mit den winzigen *cabardouches* seiner Anfänge zufriedengeben. Im Januar 1955 prangt sein Name zum ersten Mal an der Music Hall der belgischen Metropole, dem »Ancienne Belgique«. Mehr als tausend Zuschauer haben Platz in diesem Saal. Eng um die Bistrotische gruppiert lauschen sie dem zornig-zärtlichen Liederpoeten, wie er von der Liebe singt, von seinem flachen Flandernland, von der Zärtlichkeit und vom Tod, von biederen Bürgern und »bigotten alten Weibern«. Empathisch stürmt er durch das Programm, wechselt von frivol zu larmoyant, von Ironie zu Aggression, von verhalten zu makaber. Wie immer fuchtelt und grimassiert er bei seinem Vortrag, wirbelt fast pausenlos über die Bühnenbretter. »Wenn nicht mein ganzer Körper beim Text mithilft, ist es kein Lied«, ließ Brel einmal einen Interviewer wissen. »Ein Orkan namens Brel« sollte ihn ein Kritiker des Pariser *Figaro* später nennen.

Mit Zigaretten und Alkohol betäubte dieser musikalische Wirbelwind sein Lampenfieber; kleine Rituale halfen ihm, die Furcht vor dem Schritt vor den Vorhang zu bannen. France, Brels zweitälteste Tochter, hat auch diese Seite der Erinnerungen an den »großen Jacques« lebendig gehalten, in der gemeinsam mit Mutter Miche gegründeten Fondation Jacques Brel.

Eine moderne Glastür führt dort direkt hinein

in die Vergangenheit: Ein zierlicher Fünfziger-Jahre-Sessel, die passende Stehlampe, ein schäbiger Gitarrenkoffer, eine leicht ramponierte Aufzugstür empfangen den Besucher, als beträte er nicht ein Museum, sondern ein kleines Hotel. »Bonjour«, nuschelt denn gleich auch der Lockenkopf hinter dem Tresen dieses fiktiven, augenscheinlich aus der Zeit gefallenen Pensionsentrees und schiebt dem Ankömmling ganz selbstverständlich das Gästebuch zu. Einer der letzten Einträge in der Kladde lautet: »Brel, Jacques, Chambre Numéro 5«. Die runde Uhr an der Wand zeigt 16.30 Uhr. Draußen, auf der Place de La Vieille Halle aux Blés, dem Kornhallenplatz, indes scheint die Morgensonne.

Nur ein Schritt führt von dem Straßenpflaster direkt in die Welt des charismatischen Chansonniers. Hautnah dürfen all jene, die die Schwelle überschreiten, einen von Brels Tourneeabenden miterleben. Von der Ankunft im Pariser »Hôtel du Centre« um halb fünf am Nachmittag über das Lampenfieber im Halbdunkel der Hinterbühne des »Eden« bis zum Konzertausklang im »Bistro de la Gare« dreißig Minuten nach Mitternacht.

Geschickt hat das Stiftungsteam Bilder, Töne, Filmausschnitte und Szenarien zu einem spannenden Erinnerungsparcours zusammengefügt. In der nachgebauten kleinen Künstlergarderobe zum Beispiel scheint noch der Rauch der letzten Zigarette Brels in der Luft zu hängen. Auf dem Schminktisch liegt ein angebissenes Sandwich neben dem vollen Aschenbecher; ein Rest Whisky glänzt golden im Glas. Und aus dem Spiegel schaut der Liederpoet (mittels eines

Videotricks) persönlich; erzählt, gestikuliert, lacht – als sei er tatsächlich noch quicklebendig. Und nicht vor einem guten Vierteljahrhundert an Lungenkrebs verstorben. Ja sogar sprechen kann der Ausstellungsbesucher noch mit dem Mythos Brel: Ein interaktives Telefon macht es möglich, mit einem Dutzend auf Band aufgezeichneter Antworten auf Fragen, die dem Chansonnier zu Lebzeiten immer wieder gestellt worden waren. Nicht nur bei seinen Konzerten in Paris.

Mögen die Bühnen der Seine-Metropole auch jene Orte gewesen sein, an denen der Schaerbeeker Bürgersohn aufstieg zum »Grand Jacques« – in Brüssel hat er seine Wurzeln. In dieser Stadt hat alles begonnen, hier war er zu Hause. Und so machen wir uns nun endlich auf zur weiteren Spurensuche am Rand des Zentrums, in die Vorortviertel. Nach Uccle, zum Square Marlow, Schauplatz einer der Sequenzen des Brel-Films »Far West«. Nach Forest, wo an der Avenue de Kersbeek der Jacques-Brel-Park liegt. Nach Anderlecht, das eine Metro-Station mit Namen Jacques Brel sein Eigen nennt und stolz auf drei ehemalige Domizile der Brel'schen Eltern rund um ihre Kartonagenfabrik verweist, in der Jacques es, ganz gegen seinen Willen, immerhin zum Verkaufsdirektor brachte. Auch nach Koekelberg führt unsere Route. Im dortigen Rathaus ehelichte der einundzwanzigjährige Jacques an einem schönen Maitag des Jahres 1950 eine gewisse Thérèse Michielsen, jene Miche, der er als verständnisvoller Förderin und Mutter seiner drei Töchter trotz allerlei Liebschaften, die ihn sogar bis nach Polynesien führten, stets in Dankbarkeit verbunden blieb. Miche lebte weiter im 1966 bezogenen Familiendomizil in Ixelles, nicht weit von dem schiffsähnlichen Art-déco-Bau des Institut National de Radiodiffusion, wo ihr Mann Anfang der fünfziger Jahre in der Sendung »La Vitrine aux chansons« erstmals eine seiner Kompositionen vortragen durfte.

Noch ein wenig weiter nördlich auf dem Stadtplan gelangt der tapfere Brel-Fan dann schließlich zum Ursprungsort seiner Freuden: nach Schaerbeek, zum Geburtshaus Brels. Öffentlich zugänglich ist das erste Domizil des Sängers und Liederschreibers allerdings nicht. Ein Notar residiert heute hinter der hübschen Fassade – und außer seinen Klienten lässt er kein Publikum ins Haus. Aber eine Steintafel mit goldenen Lettern erinnert an den einstigen Bewohner. »Aufrecht hat er sein Leben gelebt«, steht dort unter dem Geburts- und Todesjahr zu lesen, »und noch immer lebt der Poet.«

Begraben ist Jacques Brel übrigens nicht in Brüssel. Und auch nicht in Paris, wo er 1977 seine letzte Platte besang, gänzlich unerwartet zurückgekehrt von den Marqueseninseln, wo er sich mit seiner jungen Geliebten Maddy niedergelassen hatte. Seine letzte Ruhestätte fand der sängerische »Orkan«, der am 9. Oktober 1978 in einer Klinik in Bobigny sein Brausen für immer beendete, auf dem polynesischen Eiland Hiva Oa, neben den Gebeinen des französischen Malers Paul Gauguin.

Heuernte und Bauernhochzeit

Landpartie auf den Spuren des berühmten flämischen
Malers Pieter Bruegel d. Ä.

»Bruiloft«, empört sich Albrecht de Schrijver und
zeigt vor einer Backsteinscheune auf das holzge-
rahmte Bildnis von zechenden und schmausenden
Gästen rund um einen grob gezimmerten Tisch.
»Brui bedeutet Braut«, erklärt der stämmige Fla-
me, »loft ist das flämische Wort für Gelage.« Ein
Brautgelage? Eine Bauernhochzeit! – Die wohl berühmteste Bauernhochzeit der Kunstgeschichte.

Mehr als solch eine Szenerie mit reichlich flie-
ßendem Bier und bäuerlicher Tafel sei seinen Mit-
bürgern meist nicht eingefallen zu Pieter Bruegel
dem Älteren, erzählt Mijnheer de Schrijver mit
grimmigem Lächeln. »Wann immer ein Fest an-
stand, hieß es hier im Volksmund: ein Bruegel-Ge-
lage.« So viel Ignoranz gegenüber einem der ganz
Großen nicht nur der flämischen Malerei wollte der
Itterbeeker Geschäftsmann nicht länger erdulden.
Kräftig legte er sich daher ins Zeug für ein Bruegel-
Museum in der Region. Ein Freilichtmuseum, genauer gesagt. »Immerhin hat Bruegel hier bei uns,
vor den Toren von Brüssel, eine Fülle seiner Motive
gefunden.«

Tatsächlich verbrachte der wahrscheinlich aus
dem niederländischen Breda stammende Radierer
und Maler (seine Herkunft ist immer noch ebenso

strittig wie das Datum seiner Geburt) die letzten sechs Lebensjahre in der belgischen Metropole. 1563 fand der Umzug von Antwerpen nach Brüssel statt, wo Bruegel (die ältere niederländische Schreibung seines Namens »Brueghel« hatte er damals bereits aufgegeben) Mayken Coecke heiratete, die Tochter seines früheren Lehrmeisters in der Scheldestadt, Pieter Coecke van Aelst.

Zwei Jahre nach der Hochzeit – die übrigens in Notre-Dame de la Chapelle stattfand, jener Kapellenkirche, in der Bruegel nach seinem Tod am 5. September 1569 beigesetzt wurde – erhielt Bruegel von dem reichen Antwerpener Sammler Niclaes Jonghelinck, dem Bruder des Bildhauers Jacques Jonghelinck, den wohl umfangreichsten Auftrag seiner gesamten Karriere: eine Bildserie über die einzelnen Monate des Jahres.

Doch schon vor dieser Bestellung – der Zyklus umfasste letztlich sechs Gemälde – zog es den Maler präziser Lebensstudien häufig hinaus auf die sanften Hügel und weiten Felder des flämischen Brabant, auf denen Gemüse ebenso prächtig gedeiht wie Korn und Hopfen. Bruegel liebte die fetten Wiesen mit Obstbäumen und Zeilen kugeliger Kopfweiden. Er spazierte gern in die von fruchtbaren Äckern umgebenen Dörfer mit ihren gedrungenen, spitzdachigen Kirchen; genoss in urigen Wirtshäusern das hausgebraute, fast wie Champagner moussierende *Geuze*-Bier und bannte auf seine Leinwand stets aufs Neue den Zauber der spiegelnden Teiche und klaren Bäche, der hölzernen Mühlen und der aus Lehm erbauten Gehöfte.

Knapp sieben Kilometer trennen diese ländliche Idylle um Dilbeek, Itterbeek oder Sint-Anna-Pede von der Brüsseler Hoogstraat, in der der »Bauernmaler« logierte – zu Fuß allerdings schon eine beachtliche Distanz. Und Bruegel nutzte selten Pferd oder Karren für seine Landausflüge.

Albrecht de Schrijver, der sein Unternehmen in den Räumen einer ehemaligen Brauerei hinter der Sint-Pieterskerk von Itterbeek hatte, kennt jedes Detail der Bruegel'schen Biografie und jeden Quadratzentimeter Leinwand, den der berühmte Künstler hinterließ. Das Gros der Bruegel'schen Werke ist freilich in alle Welt verstreut, hängt in den Museen von Paris, London, München oder Wien. Dank de Schrijver ist ein Dutzend der berühmtesten Bruegel-Gemälde seit einiger Zeit nun jedoch wenigstens als Reproduktion dort zu sehen, wo der geniale Maler seine Motive fand: in der freien Natur der Pedevallei, am östlichen Rand des Pajottenlands.

Ausgangspunkt der Tour zu den Bruegel-Reproduktionen ist das Dörfchen Sint-Anna-Pede. Drei Gasthäuser in Backstein- und Fachwerkarchitektur ducken sich um den schattigen Kirchplatzhügel; auf dem saftigen Grün hinter dem Gotteshaus weiden helle, muskulöse Pferde. Hühner stolzieren über das schattige Sträßchen, ein alter Bauer lässt seinen Schubkarren gemächlich über das Kopfsteinpflaster holpern.

Am Rand des baumbestandenen Kirchhofs entdecken wir gleich vier Bruegel-Tableaus, darunter ein mit rotbrauner Tinte gezeichnetes Selbstbildnis

(»Porträt des Künstlers und eines Kunstkenners«) sowie »Das Gleichnis von den Blinden«. Ein Männergrüppchen taumelt auf diesem Spätwerk am Ufer eines schmalen, offenen Kanals entlang; im Bildhintergrund reckt die Sint-Annakerk ihren Turm in den Himmel.

»Nicht immer hat Bruegel das Gesehene so realistisch wiedergegeben«, weiß Mijnheer de Schrijver. »Viele Motive aus unserer Gegend hat er spiegelbildlich verwendet oder etwas hinzufantasiert.« Das Meer zum Beispiel, einen Fluss oder die Alpen, die er im Rahmen einer Reise nach Italien kennengelernt hatte, wo er fast drei Jahre verbrachte und bei der bereits die Landschaftsdarstellung als ein Schwerpunkt seines Schaffens erkennbar wird.

Die mächtigen Gebirgsfelsen des italienischen »Stiefels« (nicht nur die Alpen, auch die Abruzzen dürfte Bruegel gesehen haben, arbeitete er doch für den Miniaturmaler Giulio Clovio eine Zeit lang in Rom) finden sich beispielsweise auf dem Gemälde »De terugkeer van de kudde« (Heimkehr der Herde), das an dem holperigen Feldweg hinter der Sint-Annakerk steht, und auch auf dem in einer Waldsenke versteckten Werk »Jäger im Schnee«. In der linken Hälfte der »Heuernte«-Komposition, der wir am Rand eines blonden Kornfelds begegnen, dräut ebenfalls ein nackter Granitblock über den Schnittern, Bauernhäusern und dem Kirchlein, das der Sint-Antoniuskerk von Dilbeek nachempfunden ist.

Die Kirchen der Region scheinen es Bruegel wirklich angetan zu haben, auch die Sint-Pieterskerk von Itterbeek lässt sich unschwer erkennen am rechten Rand der »Kornernte«, deren Reproduktion in der Nähe des Neerhofs aufgestellt wurde, und im »Sombere Dag«, zu dem wir über einen kaum armbreiten Pfad gelangen, vorbei an einem Gänsegehege, aus dem das Federvieh aufgeregt schnattert, hat Bruegel die typischen Kopfweiden verewigt, die noch immer jedes Frühjahr radikal beschnitten werden.

Nicht nur vor dem »Trüben Tag«, auch bei jeder anderen Bildtafel strahlt Albrecht de Schrijver voller Stolz über die Verwirklichung seiner Bruegel-Pfad-Idee. Viele Monate habe er gekämpft für dieses *Openlucht*-Museum, viel Überzeugungsarbeit leisten müssen. Die Chance des ehemaligen Spezialisten für Feuerlöschbedarf kam, als die Gemeinde Dilbeek sich mit einem Mal auf ihr historisches Erbe besann und eine Initiative ins Leben rief, um dieses touristisch zu vermarkten. »Aber außer einem typischen Lehmhaus, das schon fast komplett verfallen war, und der alten Wassermühle gab es nichts, was wir als kulturelles Erbe hätten präsentieren können«, erinnert sich de Schrijver. Also bringt der Bruegel-Enthusiast wieder seinen Lieblingsmaler ins Spiel. Voller Skepsis lässt die Initiative den pensionierten Geschäftsmann gewähren. Er sucht und findet lokale Sponsoren, die bereit sind, einen oder mehrere der zweitausendsiebenhundertfünfzig Euro teuren Emaildrucke zu bezahlen, die den acht Kilometer langen Parcours des Bruegel-Freilichtmuseums säumen sollen. Er regt eine Broschüre an mit dem Verlauf der Bruegel-*Wandeling* und Erläuterungen zu den jeweiligen Gemälden. Letztere verfasst seine Tochter Mechthild, die sich von der Begeisterung ihrer Eltern für Bruegel zum Studium der Kunstgeschichte inspirieren ließ.

Inzwischen ist der Zulauf zum Bruegel-Pfad, dessen einzelne Stationen auch mit dem Auto angefahren werden können, derart gewachsen, dass längst nicht nur die Gemeinde Dilbeek, sondern auch die Tourismusorganisation der Provinz Flämisch-Brabant und die Vereinigung De Groene Gordel (Der Grüne Gürtel, zuständig für alle Belange rund um Brüssel) sich inzwischen bereit zeigten, in das Projekt zu investieren. So wurde ergänzend zum Bruegel-Wanderweg eine Bruegel-Route für Radfahrer ausgeschildert, die mit ihren fünfundvierzig Kilometern Länge auch die weiteren Schönheiten der Region berührt, vom Rosenschloss Coloma bis hin zum waldgesäumten *kasteel* Gaasbeek. Größte Attraktion auch für die flotten *fietser* bleibt freilich der Bruegel'sche Bilderparcours – mit der »Bruiloft«, der Bauernhochzeit, als mit Abstand beliebtestem Fotomotiv.

Goldenes Stäbchenglück

Frittengeschichten von der Brüsseler Place Jourdan bis zum Groenplaats in Antwerpen

Die Place Jourdan kennt jeder Brüsseler. Ein gutes halbes Dutzend Restaurants säumt das rechteckige Areal mitten im Europaviertel, von italienisch über arabisch bis hin zum Spezialisten für Meeresfrüchte. Bei »Chez Bernard« aber und in der Taverne »The First« an der Ecke zur Chaussée de Wavre sitzen stets ganz besondere Gäste. Fest umschließen ihre Finger eine spitze, papierene Tüte, aus der ein kleiner Berg goldgelber Kartoffelstäbchen ragt: Pommes, auf Belgisch *frites*, *frieten* oder *frietjes* genannt.

Lieferant der knusprigen Vierkanter, die zum belgischen Charakter gehören wie das Bier und die Muscheln, ist allerdings nicht die Küche der beiden Lokale, sondern ein brauner Pavillon vor ihrer Tür: »Maison Antoine«. Der seit 1948 bestehende Familienbetrieb wurde bei einer Umfrage der Zeitschrift *La Capitale* erst kürzlich zur beliebtesten *frituur* Brüssels erkoren; die *New York Times* erklärte ihn gar zum »best of the world«. In dritter Generation führen nun die Brüder Thierry und Pascal Willaert die sechseckige Pommesbude. Jeden Freitag kümmern sie sich persönlich um die vom Abgeordneten bis zum Straßenfeger reichende Kundschaft. Ansonsten obliegt deren Wohl drei resoluten Damen.

Vor allem um die Mittagszeit, nach Feierabend oder im Anschluss an Kino, Oper oder Theater hat das Besitzerduo beziehungsweise das Damentrio alle Hände voll zu tun. Strahlenförmig wachsen dann die Warteschlangen vor den drei Bedienungsluken. Und die wenigen Parkbänke, die das mit Skulpturen geschmückte Plätzchen vor »Antoine« säumen, sind rasch besetzt.

»Deswegen haben wir Thierry und Pascal unsere Kooperation angeboten«, erzählt der Wirt von »Chez Bernard«. Eine Frittentüte – der sogenannte *puntzak* – heißt als Emblem am Eingang des Lokals die Liebhaber der gebackenen Kartoffelstäbchen nun ausdrücklich willkommen. Auch bei »The First« prangt im Fenster das Schild »frites bienvenues«. Ganz uneigennützig ist die Initiative der beiden Restaurantbesitzer natürlich nicht. Denn Fritten machen Durst. Vor allem, wenn sie nicht nur einfach gesalzen sind, sondern gekrönt werden von einer der mehr als zwanzig Saucen, die »Antoine« auf seinen Angebotstafeln anpreist. Pitta etwa oder Brazil, Cocktail, Provençale oder vielleicht sogar Samurai.

Monsieur Gillis kommen diese scharfen, fremdwürzigen oder gar fruchtigen Saucen indes keinesfalls in die Pommestüte. Er schwört auf Tradition. »Mayonnaise!« – etwas anderes gibt es nicht als Krönung des *puntzaks*. Gillis Houben hat in den mehr als sieben Jahrzehnten seines Lebens sicher schon Tonnen von Fritten verzehrt; »eine Zeit lang täglich«. Zu besserer Kost wollte das karge Arbeitslosengeld damals nicht reichen. Inzwischen kann der ehemalige Kulissenmaler es sich leisten, nur noch ein- bis zweimal in der Woche *frietjes* zu speisen. Wir treffen ihn gut gelaunt und wohlgenährt in seinem Dachatelier in der ehemaligen osmanischen Botschaft in der Rue de la Caserne 33 – in der übrigens schon René Magritte seine Werke ausstellte und eine Zeit lang auch die belgische Kommunistische Partei ihre Zentrale hatte.

An den Atelierwänden in der letzten Etage, ordentlich gehängt oder schlicht auf dem Boden gestaffelt, an die Parkettleiste angelehnt, auf der Staffelei: überall sehen wir Frittenbilder. Lächelnd posiert Monsieur Gillis vor ihnen für diverse Erinnerungsfotos – mit einer Flasche voller Fritten in der Hand. Geduldig beantwortet der weißhaarige Mann Dutzende von Fragen – nicht nur nach der Echtheit der Fritten in dem Glasgefäß in seiner Rechten. Natürlich wollen wir von ihm auch Namen und Adresse seiner Lieblings-Pommesbude wissen. »Martin«, antwortet der Künstler wie aus der Pistole geschossen, »an der Place Saint Josse«. Der Besitzer wirbt mit dem Slogan »Éclatez vous – mangez des frites«, zu Deutsch etwa: Machen Sie sich selbst ein glanzvolles Geschenk – essen Sie Pommes.

Gillis Houben hat Martins *frietkot* akribisch auf Leinwand verewigt – ebenso wie mehr als hundert weitere Pommesbuden in ganz Belgien. Viertausendsechshundert sind insgesamt registriert; das Gros in Flandern. Ihre Gestalt kennt scheinbar keine Grenzen. Da gibt es den schrill bemalten Bus (wie er zum Beispiel auf einem Lkw-Rastplatz an der E 19 bei Vilvoorde-Peutie steht), die Baracke, den Caravan, das Chalet, den Holzwagen im alten Stil, den *frituurannex* (angrenzend an einen anderen Gaststättenbetrieb), die *huisfrituur* (eingelassen in die Gebäudefassade) oder den nagelneuen Pommes-Wagen, der wirkt wie ein Bungalow. Viele dieser fantasievollen, teils mit großer Liebe improvisierten Buden sind allerdings durch strenge Hygienevorschriften und neue Steuerbelastungen in ihrer Existenz bedroht. Oder im Zuge von Stadterneuerung und Ortsverschönerung schon ganz verschwunden.

»Frittenbuden standen ja seit jeher an prominenten Plätzen wie Bahnhof, Kirche, Markt«, weiß Paul Ilegems. Der Kunstgeschichtler und Antwerpener Hochschuldozent, der seine Fritten am liebsten im Rotlichtviertel isst, auf dem Falconplein, hat sich bereits in sieben Büchern mit dem Thema Pommes frites auseinandergesetzt und 1981 das Frietkotmuseum begründet. Rund zweihundertfünfzig Werke zeitgenössischer belgischer Künstler zum Thema Fritten umfasst die Sammlung inzwischen, vom Comic über die Collage bis hin zu Gemälden und Fotografien. Bislang fehlt ihr freilich ein festes Haus; sodass sie entweder im Depot lagert oder durch die Lande tourt. Ein winziger Teil des Konvoluts ist allerdings seit vier Jahren regelmäßig auf Antwerpens Groenplaats zu sehen: im schmalen Obergeschoss der traditionellen *frietkot* »Max«.

Ihr Besitzer, Bernard Lefèvre, hat allerdings nicht nur ein Faible für Kunst, sondern pocht als Vorsitzender der Nationalen Vereinigung der belgischen Frittenbäcker (Navefri) auch auf Qualität. Tiefkühlware kommt ihm nicht in die Tüte; gebacken (und das natürlich zweimal!) im täglich ausgetauschten Pflanzenfett werden nichts als frische Kartoffeln.

Diese *aardappelen* liefert den meisten *fritjesbakker* (Frittenbäckern) inzwischen Josez van Remoortel. Der ehemalige Bauer aus Verrebroek nahm den Wunsch seiner Kunden nach bereits geschälter Ware zum Anlass, einen hochmodernen, biologisch orientierten Betrieb aufzubauen, der die Kartoffeln nicht nur mit Dampf oder Schmirgelpapier von ihrer Haut befreit, sondern sie auch in drei verschiedene Kantenbreiten schneidet.

Und wie sieht nun nach Meinung des Remofrit-Chefs die ideale Fritte aus? »Schön lang und gerade, zehn Millimeter Kantenbreite, goldgelb, außen knusprig, innen weich. Außerdem muss man unbedingt noch den Kartoffelgeschmack auf der Zunge spüren.«

Womit wir beim Basisprodukt wären. »Bintjes«, schwört Mijnheer Romoortel, sei die ideale Sorte, auch »Hansa« eigne sich. Spanische oder gar mexikanische Erdäpfel kommen keinesfalls in belgisches Frittenfett. Dabei baute das Volk der Inka als Erstes Kartoffeln an, und die iberischen Eroberer brachten sie im 16. Jahrhundert nach Europa. Die Heilige Theresa von Avila kurierte mit der vitaminreichen Erdfrucht angeblich sogar Kranke. Selbst ein italienischer Bischof ließ sich die neue »Wundermedizin« beschaffen und hatte sie bei seiner Reise zur Synode nach Mons als Gastgeschenk für den Herrscher der Region im Gepäck. Dessen Wissenschaftler, Clusius, untersuchte die Knollen eingehend und trug maßgeblich zu ihrer Vermehrung in belgischen Landen bei.

Was den Weg von der Kartoffel zur Fritte anbelangt, tappen Kulturhistoriker freilich nach wie vor weitgehend im Dunkeln. Einer von ihnen machte allerdings das Maastal als Pommeswiege aus: In einem Dokument seiner Vorfahren mit dem schönen Titel »Curiosités de la table dans les Pays-Bas Belgiques« fand er den Hinweis, dass die Einwohner von Namen und Dinant es gewohnt seien, kleine Flussfische zu fangen und diese in heißem Fett zu frittieren. Gab es keinen Fang, weil die Maas zugefroren war, wurden Kartoffeln klein geschnitten und auf die gleiche Weise zubereitet.

Wie dem auch sei: Die Fritte, so köstlich sie auch sein mag, gilt als »arme« Speise und Straßenkost. Den Einzug in die Haute Cuisine hat sie daher nie geschafft. Aber zum Sonntagsessen, zum Steak, *stoverij* oder Hühnchen, bringen nicht nur belgische Familien, sondern auch zahlreiche Köche des Landes *frites*, *frieten* oder *frietjes* auf den Tisch. Und natürlich gehören die knusprigen Vierkanter auch zu Muscheln. *Moules frites* oder auch schlicht nur *mosselen* verheißen zu bestimmten Zeiten vielerorts schwarze Tafeln vor Bistros und Restaurants. Mit sechs Kilogramm Muscheln im Jahr stehen die Belgier weltweit an der Spitze der Muschelesser. Und allein in den Frittenbuden des Landes – zu den Top Ten zählen unter anderem die »Frituur Falcon« in Antwerpen, »Bosrand« in

Brügge, die »Frituur Ann« in Gent, »El Baraka« in Lüttich und »Pickels« in Oostende oder »Robert La Frite« in Charleroi – gehen täglich schätzungsweise dreihundert Tonnen Pommes über den Tresen. Wie die goldgelben Kartoffelstäbchen fanden übrigens auch die Schalentiere aus dem Meer nicht nur konkret Eingang in Münder und Mägen, sondern gehören auch zu den beliebtesten Motiven in der Welt der Kunst. Man denke nur an die berühmten »Muscheltöpfe« des Brüsseler Poeten und Künstlers Marcel Broodthaers aus der Surrealistengruppe um Réne Magritte.

Graf Egmont und die Himmelsleiter

Wo Rosen ranken, Rahmeis lockt, Radfahrer sich
quälen und flämische Expressionisten zu Hause sind

Das Schlachthausgelände Brüssels zählt unbestritten nicht zu den Top-Sehenswürdigkeiten der belgischen Metropole. An der Ostflanke des Areals indes stößt man, kaum einen Kilometer entfernt vom Gare du Midi, auf einen Wasserlauf, dessen Geschichte bereits im 16. Jahrhundert beginnt: den Kanal von Charleroi. Wer seinen Ufern mit dem Auto oder Fahrrad in südlicher Richtung folgt, vielleicht auch auf seinen Wellen gleitet hinter dem Steuer eines Hausboots, gelangt nach kürzester Zeit ins flämische Brabant. Pieter Bruegel der Ältere hat diese fruchtbare bäuerliche Region, die »Toskana des Nordens«, häufig auf den Gemälden seiner späten Jahre festgehalten.

Das »Rosenparadies« allerdings hat der flämische Meister noch nicht gekannt. Die vier Gärten mit der Königin der Blumen rund um das Schloss Coloma bei Sint-Pieters-Leeuw hätten dem berühmten »Bauernmaler« als Motiv aber sicher gefallen – ebenso wie der kleine See davor und die schattige Allee, unter deren Blätterdach an diesem Sonntagnachmittag turtelnde Paare ebenso flanieren wie junge Eltern und Großfamilien.

Gaasbeek mit seiner mittelalterlichen Burg indes haben wir am nächsten Morgen ganz für uns allein. Dichter Wald umgibt das Anwesen, zu dessen einstigen Besitzern auch ein gewisser Graf Egmont zählte. In seinem gleichnamigen Trauerspiel setzte Johann Wolfgang von Goethe dem als angeblichen Verschwörer gegen die Spanier hingerichteten einstigen Statthalter von Flandern ein literarisches Denkmal. Die Erinnerung an das schaurige Schicksal des Grafen legt einen feinen Schatten über das Licht der frühen Sonne, die das größte Schloss Flanderns sanft beleuchtet.

Wir zockeln weiter gen Norden, entdecken am Straßenrand bei Vlezenbeek ein Schild mit der Aufschrift »Roomijs« und lassen uns verführen. Aber nicht nur verschiedene Sahne-Eissorten stellen die Betreiber des hinter dem steinernen Torbogen verborgenen »Waterhofs« her. Die junge Bäuerin verkauft auch frische Milch, Joghurt, Obst – und natürlich *plattekaas*; die quarkähnliche Käsespezialität des Pajottenlandes.

Eine zweite regionale Delikatesse perlt wenig später in unseren Gläsern: das säuerlich-herbe *Geuze*-Bier. Zu seiner Gärung werden natürliche Hefebakterien genutzt, die nur circa fünfzehn Kilometer rund um Brüssel in der Luft zu finden sind. In Itterbeek steht mit Timmermanns noch eine der rund zehn verbliebenen traditionellen *Geuze-Lambic*-Brauereien. Hunderte mächtige Fässer verströmen in der zweigeschossigen Lagerhalle den würzigen Duft des besonderen Gerstensafts, den man auch auf Bruegels Gemälden immer wieder abgebildet findet.

Aber nicht nur Pieter Bruegel begeisterte die

Umgebung Brüssels. Sein »Kollege« Adrian Brouwer (1605–1638) zum Beispiel, dessen lebenspralles »Bauernfest« ebenso wie fast alle Bruegel-Werke eine Hommage an das Leben des einfachen (Land-) Volkes darstellen, stammte aus Oudenaarde. Bereits im 15. Jahrhundert wurden in dem am Fuß der flämischen Ardennen, im idyllischen Zwalmland gelegenen Städtchen die in ganz Europa begehrten *verdures*, Wandteppiche mit Landschaftsszenen, hergestellt. Einige kostbare Beispiele der mit fantastischen Blumen und Vögeln verzierten grünen Tapisserien sind im Rathaus ausgestellt – das übrigens als einer der schönsten Profanbauten Belgiens gilt. Die romanische Tuchhalle hinter dem spätgotischen Verwaltungsgebäude birgt ebenfalls wunderbare Zeugnisse der flämischen Teppichwebkunst.

Ganz ins Hier und Jetzt indes verweist uns der Verkehrskreisel mit seiner Skulptur aus übereinandergetürmten Fahrrädern. Denn rund um Oudenaarde verläuft die Strecke des Frühjahrs-Radrennens Ronde van Vlaanderen (Runde von Flandern). Trotz des eher sanfthügeligen Charakters der Landschaft birgt sie einige Schikanen. Gefürchtet bei den Pedalisten ist vor allem die »Mauer von Geraardsbergen«, eine Art Himmelsleiter, die vom Ufer der Dender steil hinaufführt durch die Altstadt des Ortes, der bereits 1068 und damit als Erster in Flandern die Stadtrechte erhielt. Wir hatten uns im »Broodhuis« von Geraardsbergen nur ganz unsportlich eine cremig-süße *mattetart* gegönnt, für deren Herstellung die örtlichen Bäckermeister in der ganzen Region berühmt sind. Überhaupt weiß man offenbar seit jeher gut zu leben vor den Toren Brüssels, denn in Sint-Maria-Horebeke zum Beispiel bezaubern nicht nur Windmühlenpanoramen das Auge, sondern auch ein feiner Genever den Gaumen. Und aus Kruishoutem kommt ein besonders süffiger Kornschnaps mit Zitronengeschmack.

Womit wir schon Kurs genommen haben in Richtung Gent und damit zurück zur Kunst. Bereits in Deinze, dessen prächtiges, von einem Wassergraben umgebenes Renaissanceschloss Ooidonk mit seinen eindrucksvollen roten Ziegelmauern und dem großzügigen Park wir natürlich nicht ignorieren konnten, erhalten wir im Museum einen ersten Eindruck von den Arbeiten der Mitglieder der Künstlerkolonie Sint-Martens-Latem, die sich in diesem Dorf an den Gestaden der Leie von 1898 an niedergelassen hatten. In Deurle begegnen wir diesen Künstlern dann hautnah: Das ehemalige Wohnhaus von Gustaaf de Smet steht hier, zusammen mit Constant Permeke und Frits Van den Berghe einer der drei Großen des Flämischen Expressionismus. Es birgt nun eine öffentlich zugängliche Sammlung seiner Gemälde. Des jüngeren Bruders Leon de Smet und seiner Kunst gedenkt das nach ihm benannte Galerie Lingier-Museum. Und gleich nebenan hat das Dhont-Dhaenens-Museum seinen Schwerpunkt auf weitere Künstler der Latemser Schule gelegt. Auf dem kleinen Friedhof zu Füßen der Kirche von Deurle liegen viele Vertreter der Latemser Schule begraben, darunter auch die

Brüder de Smet. Gleich gegenüber, im historischen Boldershof, einem vierteiligen Gebäudekomplex, der schon 1867 eine Herberge, eine Bäckerei und einen Tante-Emma-Laden barg, bald ergänzt durch eine Schenke, leben sie auf flämisch-fröhliche Art weiter: Das Restaurant hat ihnen eines seiner regionalen Menüs gewidmet. An schlichten Holztischen kosten wir die deftigen Spezialitäten, der Blick schweift dabei vom Teller immer wieder hinüber zum Kirchlein, zu den geduckten, weiß gekalkten Häuschen der Gasse und zur sattgrünen Wiese an ihrem Rand, wo sich allerlei Federvieh tummelt und eine kakofonische Begleitmusik zu unserem Mahl liefert. Eine Szenerie, die Pieter Bruegel und Adrian Brouwer sicher ebenso erfreut hätte wie ihre künstlerischen Enkel aus dem nunmehr noblen Villenviertel Sint-Martens-Latem.

Mit der Tram durch die Dünen

*Strandvergnügen und ein paar Überraschungen an
der flämischen Nordseeküste zwischen De Panne und
Knokke-Heist*

Maria herrscht über acht rot-grün gestreifte Hütten auf Rädern, Alice zählt sieben dieser mobilen Holzbuden in Blau und Weiß zu ihrem Reich. Die beiden Frauen verleihen Sonnenschirme und Liegestühle am Strand von De Panne, jede in den Farben ihrer liebevoll gestrichenen Karrenhäuschen, in denen die bequemen und Schatten spendenden Ferienutensilien die Nacht verbringen.

Auf viel feinstem Sand kann man sich ausbreiten in De Panne, dem westlichsten der dreizehn Badeorte, die sich an der belgischen Nordseeküste aufreihen. Kilometerweit zieht sich das Meer hier bei Ebbe zurück, macht Platz für Spaziergänger, Muschelsucher, Burgenbauer, Strandsegler – und für all jene, die sich einfach hinausträumen in die weite Ferne des Ozeans und den Riegel der vielgeschossigen Apartmenthäuser in ihrem Rücken dabei glatt vergessen.

Auch Reiter bekommen am breiten Strand von De Panne leuchtende Augen. Die Jüngsten unter ihnen vor allem dann, wenn die blondzopfige Kristin ihre Eselsschar unter leisem Geklingel durch den weichen Sand führt und die Kinder aufsitzen lässt. Es geht familiär zu in der zwischen zwei großen

Dünenlandschaften funkelnden »grünen Perle« der flämischen Küste; sogar im Zwei-Sterne-Restaurant der Hostellerie »Le Fox« sitzt der Nachwuchs mit am Tisch.

Im Nachbarort Koksijde kommen ebenfalls alle Generationen auf ihre Kosten. Im Strandschwimmbad tobt eine Schulklasse im Süßwasserbecken; unter dem Sonnensegel des Bistros »De Barkentijn« trinken Geschäftsmänner ihren Morgenespresso oder ein Tässchen weißen Paimutan-Tee. Und am Saum der Wellen üben die (inzwischen von der Gemeinde bezahlten) Pferdefischer ihr traditionsreiches Handwerk aus. Gemächlich ziehen ihre mächtigen Rösser die Krabbennetze an Land – ein herrliches Fotomotiv, das sich kaum ein Tourist entgehen lässt.

Ebenso ungewöhnlich ist *de Lijn*, Belgiens berühmter Küstentram. Knapp zweieinhalb Stunden braucht sie heute für die rund sechzig Kilometer zwischen De Panne und Knokke-Heist. Unterwegs sehen wir Grasdünen und Polderland, Kirchtürme und ein historisches Postgebäude. In Westende erhaschen wir einen Blick auf die rostige »Caterpillar«-Skulptur von Wim Delvoye, die zugleich Bauraupe und gotische Kirche ist. Der schönste Streckenabschnitt der *Lijn* liegt jedoch zwischen den Stationen Middelkerke und Rennbahn Oostende: Hier verlaufen die Gleise unmittelbar am Meer entlang.

In Oostende flanieren wir an der Promenade von den Thermen zum frisch restaurierten Kasino-Kursaal. Auf vier Etagen herrscht in dem kühn geschwungenen Gebäude kulinarische Lebensfreude, vom Terrassenbistro im Erdgeschoss bis zur Fischbrasserie auf der Dachgalerie, die die Handschrift des Brüsseler Sternekochs Pierre Wynants trägt und eine tolle Aussicht bietet.

Das James-Ensor-Haus und das Museum der Schönen Künste, in dem ebenfalls zahlreiche Werke des berühmten Oostender Malers hängen, sparen wir uns diesmal und gleiten auf den Tram-Gleisen durch Oostendes Hafengelände weiter ins Belle-Époque-Bad De Haan. Bereits die denkmalgeschützte Straßenbahnhaltestelle mit ihrem Jugendstil-Schriftzug stimmt ein auf die prachtvolle historische Villenarchitektur des Ortes mit roten Dächern, Fachwerkgiebeln und Erkertürmchen. Ein solches ziert auch die liebevoll maritim dekorierte Pension La Tourelle, die uns mit dem wohl besten Frühstück der ganzen Küste verwöhnt. Von unserem Balkönchen schauen wir aufs rosafarbene Rathaus, ebenfalls im typischen anglo-normannischen Stil der Jahrhundertwende. Und um die Ecke, in der Shakespearelaan Nummer 5, entdecken wir das schmucke Anwesen »La Savoyarde«, an dessen Fassade eine Plakette davon kündet, dass hier im Jahre 1933 sechs Monate lang Albert Einstein logierte.

Als Hitler im März 1933 die Macht ergriff, waren Einstein und seine Frau Elsa auf der Rückreise von den Vereinigten Staaten von Amerika, wo der Physiknobelpreisträger einige Seminare in Pasadena geleitet hatte. Auf dem Red-Star-Liner-Dampfschiff Richtung Belgien erfuhr Einstein, dass die Nazis seinen gesamten Besitz in Berlin beschlagnahmt und eine wahre Hexenjagd auf die Juden entfesselt hatten. Der Dampfer legte Ende März in Antwerpen an. Dort wurde das Ehepaar Einstein vom Gemeinderat von Antwerpen, einigen Professoren, einigen flämischen Freunden und Journalisten aus Belgien und dem Ausland empfangen. Im Century-Hotel gab Einstein seinen Entschluss bekannt, nicht nach Deutschland zurückzukehren.

Auf der Rückseite einer Art größeren Postkarte, deren Vorderseite Einsteins Bildnis ziert, vor einer Schultafel mit der berühmten Relativitätsformel stehend, lässt das Seebad De Haan den Gelehrten sich an seine Zeit in Belgien erinnern: »Am Dienstag, dem 28. März, gehe ich mit Elsa, meiner zweiten Frau, in Antwerpen von Bord. Wir haben sechzehn Koffer und meine Violine dabei. Ich beschließe, nicht mehr nach Deutschland zurückzukehren. Die ersten Nächte logieren wir bei Professor de Groodt im Schloss Cantecroy in Mortsel. Drei Tage später reisen wir mit dem Zug nach Oostende, wo wir die Tram nehmen weiter nach De Haan. Wir nehmen Quartier in der linken Hälfte der Doppelvilla Savoyarde.«

De Groodts Frau hatte die Villa Savoyarde von dem Orchesterchef Michel Robert gemietet; sie und ihr Mann logierten in der benachbarten Villa La Maisonette.

Über seine Stieftochter Margot, die wie sein Sekretär Walther Mayer und seine Sekretärin Helen Dukas bald auch in der »Savoyarde« wohnen, lernt Einstein zufällig den Maler und Zeichner Alfons Blomme kennen. Ende November 1929 hatten der gebürtige Roeselarer und seine Frau Kaatje ihr Domizil im Brüsseler Stadtteil Uccle gegen die Villa Martha am Driftweg in Klemskerke-De Haan getauscht – nachdem sie bereits vorher viele Jahre in dem Seebad Gast gewesen waren, ähnlich wie zahlreiche andere Künstler und Schriftsteller.

Zwischen Alfons Blomme und Einstein entwickelte sich eine ganz besondere Freundschaft. Der Gelehrte besuchte den Künstler häufig in seiner Villa am Strand. Auf Blommes Anfrage hin stand Einstein für ihn Modell und ließ sein Porträt von ihm auf Leinwand bannen. In den ruhigen Stunden mit Blomme schien der Weltenumbruch fern. Ansonsten führte Einstein während seiner Zeit in De Haan ein nicht gerade untätiges Leben: Er hielt Vorträge in Brüssel, Oxford und Oostende, unternahm einen Ausflug aufs Meer mit der Küstenwacht Zinnia, gab ein Geigenkonzert im Kasino von Oostende und besuchte Freunde wie die Maler James Ensor und Felix Labisse oder den Schriftsteller Aldous Huxley, der auf Garsington Manor bei Oxford wohnte. Die Polizei von De Haan hatte bereits seit dem 12. April 1933 den schwierigen und heiklen Auftrag, die Sicherheit des Wissenschaftlers auf diskrete Art zu gewährleisten.

Der Mord an Professor Theodore Lessing durch die Nazis am 31. August 1933 überzeugte Einstein schließlich endgültig von der großen Gefahr, in der er sich zweifellos befand. »Am Samstag, dem 9. September, verließ ich De Haan inkognito, in Begleitung des Reporters Murphy.« Am nächsten Tag geht es via Oostende nach England. Elsa kommt am 7. Oktober via Antwerpen nach. Einstein blieb bis zur Abfahrt des Schiffes nach Amerika einige Zeit bei seinem Freund Oliver Locker, Mitglied des britischen Parlaments. Aber nicht nur mit Parlamentariern und Künstlern pflegte der deutsche Physiker enge Beziehungen. Sie reichten sogar bis zum britischen Königshaus – dessen Mitglieder architektonische Planungen in De Haan veranlassten und das flämische Seebad auch gerne besuchten. Zeitlebens stand Einstein in regem Briefwechsel mit Englands Kronprinz Albert (dem späteren König George VI.) und dessen Frau Elizabeth, den Eltern der heute amtierenden Queen.

Während Einstein in De Haan in seinen Abendpausen noch gemächlich am Seedeich flanierte, flitzen heute vielerorts Menschen auf *billekarres* (das sind Tretgefährte für bis zu acht Personen), auf Gokarts, Pedalos und Rollerblades über die asphaltierten Küstenwege. Und natürlich sind überall *fietser* unterwegs, also Fahrradfahrer. Sowohl im Polder- wie im Dünengebiet haben nahezu alle flämischen Küstengemeinden Routen ausgeschildert, die mühelos zu bewältigen sind.

Wir wollen uns per Rad noch aufmachen in das quirlige Blankenberge mit seiner renovierten Pierpromenade, uns die gigantischen sommerlichen Sandskulpturen anschauen und das prachtvolle Art-nouveau-Erbe hinter dem Deich. Und dann geht es weiter nach Zeebrugge. In dieser »Hauptstadt des Fisches« bilden Hafen, Dünen und Strandpromenade eine interessante Mischung. Die Garnelen-Kroketten zergehen köstlich auf der Zunge, und die Einkehrmöglichkeiten reichen von der schlichten Fischkneipe bis zu besternten Gourmettempeln. Eines dieser gastronomischen Highlights »versteckt« sich übrigens am Jachthafenkai, zwischen Seecontainern und dem Marinestützpunkt. Da passt auch der eigenwillige Name »Mon manège a moi«, zu Deutsch etwa: meine eigene Art, zu wohnen.

Die pflegt man auch, und besonders im mondänen Knokke-Heist, kurz vor der niederländischen Grenze. Gemächlich radeln wir vorbei an unzähligen Boutiquen und Kunstgalerien; durchqueren das weitläufige Villenviertel. Und finden uns plötzlich wieder inmitten einer ländlichen Idylle: weite Äcker und Wiesen, aus denen Störche sich in den wolkenlosen Himmel schwingen; schattige Pappelhaine und eine schier unübersehbare Dünenlandschaft. Het Zwin heißt das Gebiet; seit mehr als zwei Generationen ist es als Naturreservat ausgewiesen. Mehr als hundert verschiedene Vogelarten leben hier, und auch die Pflanzenwelt ist von einzigartiger Vielfalt. Bei regelmäßigen Führungen und Schaufütterungen können Besucher des Naturparks dessen prachtvolle Fülle hautnah erleben. Aber auch ohne Expertenwissen wirkt der spezielle Zauber, den die flämische Küste hier entfaltet: Glitzernde Tümpel tauchen plötzlich hinter Sandhügeln auf, aus drahtigem Gestrüpp leuchten farbenfrohe Blüten, in den Gesang der Brandung fallen die hohen Schreie der Möwen und anderer gefiederter Wesen, die ihren kühnen, scheinbar schwerelosen Flugtanz vor der Kulisse eines von frischen Brisen wolkenlos gefegten Himmels aufführen; vom makellosen Blau in unvorhersehbarer Choreografie hinabstürzend zu dem Silberweiß der Wellenkämme und pfeilschnell wieder aufsteigend zum azurnen Firmament.

Garagenmode und Diamantenglanz

Antwerpen sorgt prächtig für das Erscheinungsbild des Menschen

Fast wäre ich vorbeigelaufen. Denn in der schmalen Vitrine neben der einige Meter vom Gehsteig zurückversetzten Garageneinfahrt hängt lediglich eine Textcollage. An der gegenüberliegenden Wand entdecken meine Augen dann schließlich in Kniehöhe doch noch ein Schild mit der Aufschrift »Walter®«. Also mutig vorwärts, auf das geschlossene Rolltor zu. Dahinter brennt Licht, und wie von Zauberhand fährt die Metallbarriere plötzlich in die Höhe.

Weiße Weite tut sich auf, akzentuiert von einer Handvoll farbiger Inseln. Die eine entpuppt sich als dachloser Nachbau einer Schweizer Berghütte, die andere als riesiger brauner Plastikteddy, der gemütlich auf dem Rücken liegt. Dann gibt es da noch ein ständig rotierendes Förderband und einen von der Decke schwebenden, gigantischen Plastikring. Vor ihm trippelt eine zierliche Japanerin mit pinkfarbenen Wollstrümpfen und Stöckelschuhen. Volltreffer! Ich bin mitten in der Welt von Walter van Beirendonck.

Beirendonck ist einer der legendären »Antwerp Six«, die in den achtziger Jahren den Ruf der flämischen Hafenstadt als belgisches Mode-Mekka begründeten. Vielleicht weil hier das Können tatsächlich von Kunst kommt. Denn die legendären sechs Designer studierten alle an der Königlichen Akademie der Schönen Künste.

Mindestens zwei von ihnen, Dries van Noten und Ann Demeulemeester, sind inzwischen auch weit über die Grenzen Flanderns ein Begriff. Anders als Garagen-Fan Beirendonck ließen sich die beiden ihre Flagshipstores in herrlichen Belle-Époque-Gebäuden einrichten – wahre kleine Paläste, wie Het Modepaleis in der Nationalestraat, wo schon um 1900 traditionsbewusste Antwerpener Familienväter die Sonntagsanzüge für sich und ihre Söhne erwarben. Das Originalinterieur des historischen Herrenausstatters wurde vom neuen Nutzer, Enkel übrigens eines Schneidermeisters und Spross eines Fertiganzug-Verkäufers, komplett bewahrt. In Ann Demeulemeesters Zuidstadt-Shop hingegen, an der Ecke Leopold De Waelplaats und Verlatstraat, kontrastieren nackte weiße Wände mit dem historischen Fischgrätparkett.

Fast völlig entkernt wurde auch das Nationalestraat-Gebäude, in dem seit 2002 ModeNatie untergebracht ist, ein Konglomerat von Institutionen, die alle mit dem Thema Mode befasst sind, darunter die Modeabteilung der Hochschule Antwerpen, das Flanders Fashion Institute und das MoMu, das neue Mode-Museum der Stadt. Fünf Jahrhunderte Kleidung und Textil umfasst die Sammlung; von der Tracht bis zur Spitze, vom Gewebe bis zu Werkzeugen. Jedes Jahr gibt es zwei große Themenausstellungen mit einem Rahmenprogramm von Workshops, Führungen, Lesungen und Debatten. Flankiert werden sie von drei bis vier kleineren Schauen, die an aktuelle Trends und Sujets anknüpfen. Womit wir wieder bei Walter van Beirendonck und seiner zeitgeistigen Garagenboutique wären.

Die Verkäuferin aus Nippon steht inzwischen an der Seite einer scheinbar schwerelosen beigen Kunststoffscheibe, die als Kassentresen dient. Zudem liegen bedruckte Rippen-Dessous darauf ausgestellt. Ansonsten trägt eine wie im im Tanz zappelnde Runde schwarzer Schaufensterpuppen die Klamotten, andere Entwürfe hängen brav auf einer langen Stange hinter der hohen Stirnwand aus weißen Flaschenkästen. Auch im Holzchalet und am Förderband darf man sich in Sachen Designerstücke bedienen, ebenso wie auf einem Bord an der Wand. Dort hatte Walter van Beirendonck bei unserem Besuch für den Winter gestrickte Gesichtsmasken drapiert – mit schön ausgeformter Nase und Lippenschlitz. Aber es gibt auch durchaus kleidsame Modelle in den einstigen Kfz-Räumlichkeiten der Sint-Antoniusstraat, schwingende Seidenröckchen etwa und feine Pullover. Walter® hat neben seinen eigenen Modellen auch ein paar Kollegen mit im Angebot, Dirk Van Saene etwa, einen Kollegen aus Anfangszeiten, Bernhard Willhelm, Frieda Degeyter oder Bruno Pieters. Im Mode-Museum bin ich später einem der vier Namen wiederbegegnet – in Gestalt eines leicht ausgestellten, schwarzen Wollrocks mit großen knallfarbigen Kreisen. Leider ist das Prunkstück aus einer recht frühen Kollektion und allenfalls vielleicht irgendwo in einem Secondhandladen noch zu finden.

Also muss ich mich auf der Nationalestraat trösten. Mit ihren Flaggschiffen MoMu und Het Modepaleis (das Jahrhundertwende-Kaufhaus Vaxelaire wurde leider abgerissen und durch ein wenig ansprechendes Schulgebäude, die Karel de Grote-Hogeschool, ersetzt) birgt der traditionsreiche Geschäftsboulevard und seine Verlängerung, die Volkstraat, inzwischen mehr als dreißig zeitgenössische Fashion-Adressen. Einige davon haben auch Accessoires im Angebot, andere spezialisieren sich gleich komplett auf das schmückende Beiwerk zur Mode. So wie zum Beispiel Nadine Wijnants, Nico Taeymans und Wouter en Hendrix, allesamt Juwelendesigner. Oder wie Hilde Van Belleghem. Die untersetzte Frau mit den kurzen Haaren, übrigens auch eine Absolventin von Antwerpens Koninklijke Academie voor Schone Kunsten, wo in dem dreijährigen Studiengang Juwelendesign und Goldschmiedekunst, neben Kunstgeschichte auch die Bearbeitung von (Edel-)Metallen und anderen Materialien sowie Edelsteinkunde auf dem Stundenplan steht, fertigt in ihrem Atelier in der Nationalestraat 22 wunderbar schlichte Schmuckstücke aus Silber und Gold, oft dezent verziert mit einem Diamanten. Die wertvollen Steine kauft die inzwischen selbst unterrichtende Goldschmiedin quasi gleich nebenan. Denn Antwerpen hat sich nicht nur in den vergangenen Jahrzehnten zum Mode-Mekka gemausert, sondern gilt bereits seit Jahrhunderten als das Diamanten-Weltzentrum schlechthin.

Bereits seit dem 15. Jahrhundert spielt die flämische Hafenstadt eine wichtige Rolle für den Handel und die Bearbeitung der wertvollen Glitzersteine. Heute ist die Diamantindustrie, nach dem Hafen, der zweitwichtigste wirtschaftliche Pfeiler für Antwerpen. Fast vier Fünftel aller Rohdiamanten weltweit nehmen irgendwann einmal den Weg über das Antwerpener Diamantenviertel. Gleiches gilt für vierzig Prozent der weltweit geförderten Industriediamanten und für die Hälfte aller geschliffenen Steine. Vier der weltweit fünfundzwanzig Diamantbörsen (jene von Amsterdam ist seit geraumer Zeit geschlossen) sind in Antwerpen aktiv. Und ungefähr tausendfünfhundert Diamantenfirmen und -betriebe haben in dem kleinen, kaum einen Quadratkilometer messenden, von Hunderten Kameras überwachten Areal in der Nähe des Hauptbahnhofs ihr Domizil. Wenn nicht schon in einem dieser traditionell von jüdischen Familien, inzwischen auch von Indern, Russen und Australiern geführten Unternehmen, so doch spätestens im Diamantenmuseum erfährt der Wissbegierige alles über die vier hohen Cs des Diamantenhandels: Carat, Colour, Clarity and Cut, also Gewicht, Farbe, Reinheit und Schliff. Auch die Herkunft und Geschichte der begehrten Steine ist Thema der interaktiven Sammlungs-Stationen; im Tresorraum darf man exquisite historische Diamantschmuckstücke bewundern. Über den Hooge Raat voor Diamant habe ich am Koningin Astridplein ebenfalls einiges erfahren. Als offizieller Vertreter der Antwerpener Diamantwirtschaft wirbt er nicht nur weltweit für das Diamantengeschäft in der Hafenstadt, sondern prüft und beurteilt auch jeden Diamanten bezüglich Gewicht, Reinheit und Schliff. Das Zertifikat des Hohen Rates ist heute eines der wichtigsten Diamantengütesiegel der Welt.

Die Lange Herentalsestraat liegt schon ein wenig am Rand des Diamantenviertels, ein paar Spazierminuten südwestlich des Museums. Hinter der Fassade mit der Hausnummer 29 residiert Krochmal & Lieber, die erste Diamantschleiferei Antwerpens, die ihre Tore für den Publikumsverkehr öffnete. Das Unternehmen hat sich auf die Bearbeitung besonders großer Steine spezialisiert. Aus erster Hand erfahre ich hier, wie aus einem Rohdiamanten das Endprodukt Schmuckdiamant entsteht. Säger, Schneider und Schleifer verrichten in den drei Werkstatträumen ihre tägliche Arbeit, während ihnen zehn bis fünfzehn Besucher über die Schulter schauen dürfen. Im ersten Raum arbeiten sich dreißig kupferne Sägen trotz ihres hohen Alters von mehr als fünfzig Jahren immer noch hochpräzise Stunde um Stunde langsam durch die wertvollen Steine. Wie der Diamant auf den Geräten fixiert wird und welche Vor- und Nachteile das traditionelle Schneiden von Hand gegenüber dem modernen Schneiden mit dem Laser haben, erfährt man im nächsten Raum. Nebenan kann man den Schleifern durch ein Glasfenster zuschauen, wie sie die Steine hochpräzise bearbeiten. Jeder einzelne Schritt wird auf einem kleinen Zettel festgehalten, der dem Diamanten bis zum Verkauf als Hülle dient. Einen Monat bis zu einem halben Jahr nach Eingang des Diamanten sind Beurteilung und Bearbeitung abgeschlossen. Gern geben die Angestellten von Krochmal & Lieber auch Antwort auf Fragen oder erzählen über die besondere Schliffform Lucére, die fünfundsechzig Facetten hat statt siebenundfünfzig wie beim Brillanten.

Auf der Verlängerung der Lange Herentalsestraat gen Norden, der Appelmansstraat, stolpere ich fast hinein in den Showroom von Diamondland, mit fast tausend Quadratmetern der größte seiner Art in Antwerpen. Gegründet vom Präsidenten eines der renommiertesten, vom Hohen Rat moralisch unterstützten Diamantenclubs der Stadt (die Mitglieder zählen zu den besten Diamantjuwelieren, haben mindestens zehn Jahre Berufserfahrung), beruht das Konzept von Diamondland auf einer Kombination aus Information und Handel. Wer möchte, kann im Anschluss an die Führung Diamantjuwelen erstehen. Ich entscheide mich mangels entsprechender Kontofülle indes für eines der anderen angebotenen Souvenirs: eine Handvoll tischtennisballgroßer Pralinen in Diamantenform. Und träume davon, vielleicht einmal zu einer Party des Diamondland eingeladen zu werden, bei der man den legendären Diamanten-Cocktail reicht. Natürlich sollte dann auf dem Grund meines Glases der echte Glitzerstein im Champagner funkeln – und nicht einer der Zirkone, die man bei allen anderen Gästen in den Eiswürfel eingefroren hatte.

Wo Tim & Struppi zu Hause sind

Von Flandern aus eroberte die belgische Comic-Kunst das Land. Inzwischen huldigen ihr Häuserfassaden und ein eigenes Museum

Victor Sackville wirkt gehetzt. Sein cognacbraunes Jackett flattert über der goldgelben Weste, die rechte Hand greift zum Krawattenknoten, als wollte sie ihn lockern und dem eingeschnürten Atem Freiheit verschaffen. Die schöne, schwarz behutete Dame an seiner Seite, deren schlanke, hohe Gestalt ein maulbeerfarbener, mit Silberfuchs besetzter Tailleur bis zu den Knöcheln umhüllt, würdigt der eilende Dandy keines Blickes. Im trüben Licht der Gaslaternen stürmt er ihr voran durch die schmale Gasse – meterhoch über deren tatsächlichem Verlauf: als prachtvolles, gut dreißig Quadratmeter messendes Fresko auf dem Putz einer viergeschossigen Hausfassade in Brüssels Rue du Marché au Charbon, der Kohlenmarktstraße.

Der elegante Zwanziger-Jahre-Spion Mister Sackville und seine reizvolle Agentenkollegin zählen zu jenen fantastischen Gestalten, die man gemeinhin unter der Bezeichnung Comic-Helden kennt. Und die inzwischen nicht mehr nur Baseballkappen, T-Shirts, Schulhefte, Bleistifte und Schaufenster zieren, sondern in Belgiens Metropole eine Reihe von Gebäudemauern. Es sind keine wilden Graffiti, sondern legale Wandmalereien, ausgeführt nach Künstlerentwürfen von den Handwerkern der Firma Art Mural.

In Auftrag gegeben wurden sie von hochoffizieller Seite: vom Vizebürgermeister Brüssels. Dem waren die vormals »toten« Mauerflächen einiger Viertel seiner Stadt schon lange Zeit ein Dorn im Auge, regten sie doch die Bevölkerung dazu an, dort Unrat abzuladen. Seit die Comics da sind, ist der Müll verschwunden.

Gezeichnete Bildergeschichten – auf Französisch »bandes dessinées«, abgekürzt oft auch BD genannt, auf Flämisch *strip* – haben in Belgien eine lange Tradition. Ihre Geburtsstunde schlug 1920 mit den »Petits Belges«, gedruckt auf der Presse der flämischen Prämonstratenser-Abtei Averbode. Georges Rémis – der mit dem seine Initialen zitierenden Künstlernamen Hergé signierte – hob dann Anfang 1929 in der Zeitschrift *Le Petit Vingtième* (der Kinderbeilage von *Vingtième Siècle*) die Figur des Tintin beziehungsweise Kuifje aus der Taufe, den pfiffigen Reporter und Globetrotter mit der blonden Tolle und dem kleinen weißen Hund, dessen Abenteuer (später und bis heute publiziert vom Verlag Casterman im südwestbelgischen Tournai) im deutschsprachigen Raum unter dem Titel »Tim und Struppi« erschienen. In der ersten Geschichte reist Tim in die Sowjetunion. Als Folge einer rasanten Flucht mit einem Auto gleich zu Beginn der Handlung erhält er dort sein Markenzeichen: die typische Haartolle. Die Story war übrigens so erfolgreich, dass sich die Auflage der Donnerstagausgabe von *Vingtième Siècle* dank der

Kinderbeilage versechsfachte. Und 1930 sorgte ein Werbegag des Verlegers sogar für einen Massenauflauf: Der Zeitungsmann ließ am Brüsseler Nordbahnhof die Rückkehr der »echten Helden« aus der Sowjetunion inszenieren, mit einem vierzehn Jahre alten Pfadfinder namens Lucien Pepermans als Tim und einem weißen Foxterrier als Struppi. Tausende von Kindern und deren Eltern warteten auf die Ankunft der beiden. Unter dem Eindruck des riesigen Erfolges entschloss sich Hergé, weitere Folgen von »Tintin et Milou«, so die Originalnamen von Tim und Struppi, zu veröffentlichen.

Spätestens mit der Gründung des *Journal de Spirou*, in dem von 1947 an der sanft lächelnde Westernheld Lucky Luke über die Seiten reitet, entwickelte sich die BD als sogenannte »Neunte Kunst« zu einem regelrechten gesellschaftlichen Phänomen, sowohl im flämischen als auch im wallonischen Teil des Landes. Belgien avancierte zum Königreich des Comics. In den fünfziger und sechziger Jahren waren die gezeichneten Bildergeschichten derart beliebt, dass ganze Studios rund um die großen Comic-Zeichner entstanden. Franquins Gaston erblickte das Licht der BD-Welt, Pierre Culliford, genannt Peyo, ersann die Schlümpfe, Edgar P. Jacobs dachte sich Blake & Mortimer aus.

Mehr als sechshundertfünfzig Comic-Zeichner sind heute unter den zehn Millionen Belgiern; gut fünfundsiebzig Prozent der belgischen Verlagstätigkeit machen Comic-Produktionen aus. Man lehrt Comic-Zeichnen an den Schulen, hat ein Comic-Museum eingerichtet, stellt Comic-Helden als Statuen auf, ließ in einer Provinz sogar die Autobahnschilder von einem Comic-Zeichner bearbeiten. In Brüssel findet zudem seit der Jahrtausendwende im Sommer ein vierzehntägiges Comic-Festival statt, in dessen Rahmen einige Straßen der Stadt einen zweiten Namen erhalten, und zwar nach jenen bekannter Comic-Figuren. Am Ende der *stripveertiendaagse* werden diese temporären Straßenschilder (von jedem gibt es nur zwei Exemplare) in der Elektriciteitscentrale, dem Centrum voor Hedendaagse Kunst, also dem Zentrum für Zeitgenössische Kunst, versteigert. Auch U-Bahn-Höfe in Brüssel sind mit Szenen aus bekannten *strips* dekoriert – Hergés Tintin etwa begegnen wir in der Station Stockel –, gleiches gilt für Rollläden, für Bars, für Hotelhallen, wie jene des NH Grand Place Arenberg oder das Entree des Hostels Sleep Well nahe des Comic-Museums. Und bereits seit Anfang der neunziger Jahre lässt die Stadt Comics eben auch auf Hauswänden prangen – mit Ausmaßen bis zu hundertfünfzig Quadratmetern, wie zum Beispiel Hergés Fresko »Quick et Flupke« an der Ecke Rue Haute / Rue des Capucins zeigt, oder »Caroline Baldwin«, der alle Fensterhöhlen eines waschblauen, mehrgeschossigen Hauses umfassende Comic von Taymans & Wesel in der Rue de la Poudrière, Ecke Place de Ninove.

Doch noch stehen wir staunend in der Kohlenmarktstraße. »Achten Sie mal auf den Giebel und den Turm im Hintergrund des Bildes«, fordert der Fremdenführer seine Gäste vor der Sackville-Szene auf. Der Guide hat den Standpunkt zur Betrachtung kundig gewählt. Denn mit leichtem Augenschwenk sieht der staunende Flaneur neben den beiden gemalten Architekturen auch deren wahrhaftige Vorbilder in exakt der gleichen Perspektive am Ende der Straße. So präzise ist die Szenerie wiedergegeben, so detailgenau, dass man nachts sogar den Eindruck hat, die große, gusseiserne Gaslaterne aus dem Bild erhelle das Geschehen – dabei ist es das identische dreidimensionale Exemplar, das *vor* dem Wandgemälde brennt.

Die Genauigkeit, die Francis Carin seinem Spionagepaar und dessen Umgebung angedeihen ließ, ist zwar verblüffend, aber nicht unbedingt singulär auf dem fast sechs Kilometer langen Brüsseler Comic-Walk, der inzwischen zu mehr als dreißig großflächigen Freiluft-*Strips* führt. Auch die »Passage« von François Schuiten gleich in der Nachbarschaft (Rue du Marché au Charbon 19, unmittelbar gegenüber dem Polizeikommissariat) nimmt gekonnt reale städtebauliche Perspektiven auf. Ähnliches gilt für Tibet und Duchâteau: Die von ihnen ersonnene *Strip*-Figur Ric Hochet klettert nahezu täuschend lebensecht an einer per Pinselstrich übers Eck erweiterten Fassade in der Rue du Bon Secours. Brüsseler Realitäten spiegeln ebenfalls die Arbeiten nach Motiven von Yves Chaland in der Rue des Alexiens und Verron & Yann in der Rue des Capucins. Chaland umgibt seine Figur des »jungen Albert« mit bekannten Brüssel-Insignien wie der Straßenbahn und breiten Schaufensterfronten, über denen markante Firmen-Namenszüge mehrgeschossige Ausrufezeichen setzen. Das Duo Verron & Yann hat in

»Odilon Verjus« eine schöne junge Frau ins Leben gesetzt, die im schulterfreien Kleid vor der Kulisse des Parlaments einem Leoparden ins Auge schaut, der sich in kühnem Sprung von einer Fassade in Richtung der reizvollen Weiblichkeit stürzt.

Frank Pés androgynes Pärchen »Brousaille und Ragebol« in der Rue du Marché au Charbon schlendert dagegen durch das zu einer schrägen Spielzeugschachtelidylle verfremdete Viertel Ilôt Sacré mit einem breiten glasblauen Fluss, der hier schon lange nicht mehr sichtbar fließt.

An den anderen Stationen des Brüsseler »Parcours Bande Dessinée« herrscht anstelle von Realitätsnähe (oder zumindest von angedeuteter Spiegelung des Stadtbilds) die blanke Comic-Fantasie. Nehmen wir beispielsweise nur Philippe Gelucks Katzenheld im Trenchcoat, der sich am Boulevard du Midi, ganz in der Nähe des Südbahnhofs, tummelt. Oder die Figuren von Roba, einem der belgischen *Strip*-Autoren der ersten Stunde. Boule und Bill heißen seine Protagonisten: ein keckes kleines Bürschchen und ein langohriger, spitzbübischer Hund, die an eine Wand in der Rue du Chevreuil gemalt sind. Nicht zu vergessen schließlich die Erfindungen von Jacques Marin, alias Morris, dem Meister der Prärieabenteuer. Auf einer Hauswand in der Rue de la Buanderie stürzen seine Daltons in orgelpfeifenhafter Reihe gerade aus der von ihnen um einige Goldstücke erleichterten Bank, während über ihnen Lucky Luke mit seinem Hundefreund Rantanplan auf einer Anstreicherplanke schwebt und sein treuer Gaul Jolly Jumper verwundert den

Kopf vom benachbarten, giebellosen Brandmauer-stück zu den flüchtenden Banditen herüberreckt.

Bis fast an den Canal de Charleroi führt die Comic-Route, nach Uccle, Anderlecht und wieder zurück ins Herz der Stadt, in die Rue des Sables. Dort fühlt man sich mit einem Mal aus der grellen Bilderwelt der Neunziger zurückversetzt ins ausgehende 19. Jahrhundert: in jene Zeit also, in der im *New York Journal* Yellow Kid, das von dem Zeichner Richard F. Outcault erfundene, glatzköpfige, segelflugohrige Wesen, zum ersten Mal in seinem gelben Sprechblasennachthemd über die Druckseiten spazierend die Ära des modernen Comic-*Strips* einläutete – und der Jugendstil in Belgien zu erblühen begann. Aber das ist wieder eine andere Geschichte. Oder vielleicht doch nicht. Denn das Centre Belgique de la Bande Dessinée / Belgisch Centrum voor het Beeldverhaal, also das berühmte Comic-Museum des Landes, hat sein Domizil in den großzügigen Räumlichkeiten der ehemaligen Stoffhandlung Wauquez gefunden – einem der prachtvollsten erhaltenen Jahrhundertwende-Gebäude im Herzen der Stadt. Erbaut wurde das lichte, drei Etagen umfassende Warenhaus nach Plänen von Victor Horta, dem Gründervater des belgischen Jugendstils. Seit 1989 können Besucher hier die ganze Welt der Comic-Tradition kennenlernen – nicht nur der belgischen. Und in der Bibliothek des Museums locken Bildergeschichten auch in deutscher Sprache.

Inzwischen bilden aber nicht nur in der Stoffhandlung Wauquez *strips* und Jugendstil eine fruchtbare Gemeinschaft: Victor Hortas erstes markantes Art-nouveau-Gebäude in Brüssel, das Autrique-Haus in Schaerbeek wurde in den neunziger Jahren unter Anleitung von Comic-Zeichner François Schuiten und Benoît Peeters renoviert und eingerichtet. Es spiegelt nun die Kreativität der beiden *striper* und beleuchtet in wechselnden Ausstellungen jene ihrer zahlreichen Kollegen aus dem ganzen Land.

Womit wir auch schon bei den Aktivitäten anderer belgischer Städte und Gemeinden in Sachen BD wären. Am tüchtigsten ist da bislang Antwerpen. Mit Jan Bosschaerts Open-Air-Bildergeschichte in der Wolstraat weihte die Diamanten- und Mode-Metropole 2005 die erste Station ihrer eigenen Comic-Route ein. Die Idee dahinter: Je zwei neue *Strip*-Wände pro Jahr lassen den »Muurvast«-Parcours durch die ganze Stadt wachsen …

Waschanlage versus Stiftungshäuser

*Im mittelalterlichen Brügge hat die moderne
Architektur keinen leichten Stand*

Zugreisende begrüßt Brügge noch immer eher
schäbig. Weder die anno 2000 von der UNESCO
verliehene Weltkulturerbe-Auszeichnung für das
mittelalterliche Stadtzentrum zwischen Gent- und
Eselstor, Smedenpoort und Kruispoort, noch die
zwölf Monate als Europäische Kulturhauptstadt
wenig später brachten dem Bahnhof und seinem
Vorplatz neuen Glanz. Bustouristen hingegen kommen seit geraumer Zeit in den Genuss eines far-
benfrohen und beschwingten Empfangs: Leicht wie
eine Vogelschwinge wölbt sich am Bargeplein das
Vordach eines kleinen Sanitärgebäudes, das inzwischen zum Treff- und Haltepunkt vieler Reisebusse
avancierte. Das satte Rot des modernen Klohäus-
chens setzt sich fort in den Stahlprofilen einer mar-
kanten asymmetrischen Fußgängerbrücke (sie ist
inspiriert von der Gestalt eines Reptils), mit der die
Architekten eine direkte Verbindung zum Minnewater, dem idyllischen, von weißen Schwänen und
Aberdutzenden Entenpaaren bevölkerten Liebes-
wasser-Teich Brügges, schufen, an dem einst, als er
noch Binnenhafen war, die Treckschuten anlegten,
das damals wichtigste Transportmittel von und
nach Gent.

Auf diese Weise tritt der Reisende durch die romantische Hintertür ein in die bereits um das Jahr 700 am Naturhafen des Zwin begründete, durch Handel und Produktion von Luxusgütern reich gewordene Stadt. Bereits im 14. Jahrhundert war Brügge eine der bedeutendsten Metropolen Nordeuropas, mit fünfunddreißigtausend Einwohnern so groß wie London und Köln, ebenbürtig mit Mailand oder Florenz. Damals wurde das gotische Rathaus begonnen, dem andere flämische Städte vergebens nacheiferten. Doch ein Jahrhundert später, zum Ausgang des Mittelalters, begann schon der Niedergang. Die Schiffsstraße zur Nordsee versandete, die Handelsströme flossen an Brügge vorbei nach Antwerpen oder Gent. Die Bürger der Stadt waren schließlich so verarmt, dass sie alte Häuser nicht abrissen. Der mittelalterliche Stadtkern, der wie das Vorbild der Hanse-Mutter Lübeck oval ist, kam auch unbeschadet durch die Weltkriege, weshalb sich Brügge heute eines geschlossenen Bauensembles aus dem 11. bis 16. Jahrhundert rühmt, mit zehntausend historischen Gebäuden, mehr als hundert Gässchen, Kanälen, Brücken und baumbestandenen Plätzen, um die sich backsteinrote gotische Giebelchen drängen.

Doch halt, so weit sind wir noch nicht. Sondern stehen zwischen den uralten Bäumen am Minnewater-Ufer; das historische Zentrum ist noch eine ganze Reihe von Schritten entfernt, und der moderne, noch immer umstrittene ockerfarbene Konzerthaus-Koloss, dessen nur lose gehängte Terrakottaziegel beim ersten Sturm und Unwetter abgefallen waren, bleibt ein imposanter Schemen.

Zum 't Zand, dem riesigen leeren Platz an der Seite des inzwischen neu verklinkerten, mehr als hundert Meter langen und mit einem fast dreißig Meter hohen Turm versehenen Concertgebouw kommen die Gäste der Busunternehmen meist erst am Ende ihrer Tour. Wenn man Glück hat, ist gerade Markt- oder Flohmarkttag (*rommelmarkt*, sagen die Einheimischen) und auf dem sonst öden Platz herrscht charmante Betriebsamkeit.

Erste Station auf dem via Minnewater begonnenen Besichtigungsrundgang – denn Brügges Herz ist weitgehend für den Autoverkehr gesperrt – machen die Fremden in der Regel am Beguinenhof. Die von einer weißen Mauer umschlossene, bereits 1245 gegründete Klosteranlage war, so erzählt Stadtführer Bob, bis Anfang des 20. Jahrhunderts im Besitz des Beguinenordens. »Die Nonnen hatten sich der Erziehung junger Mädchen, der Krankenpflege und dem Spitzenklöppeln verschrieben.« Inzwischen gehört der Hof der Stadt, und es leben sechzehn Benediktinerinnen in seinen kleinen Häusern. An einigen Tagen im Monat, so verrät unser Guide, tragen sie jedoch die Tracht ihrer Vorgängerinnen, der Beguinen. Ein kleines Museum erzählt die Geschichte des Beguinenhof-Ensembles. Dankbar wärmen wir uns zwischen seinen Exponaten ein wenig auf. Und träumen uns ein paar Monate weiter nach vorne im Jahr: in den Frühling. Denn dann, weiß Bob, übergießt das zartgelbe Leuchten Hunderter von Narzissen die große Wiese unter den Pappeln des Beguinenhofs.

Auch vor so manchem *godshuis* sprießt und

grünt es in der linden Jahreszeit kräftig. Mehr als zweihundert dieser winzigen Wohnhöfe, oft mit einem Gartenkarree in der Mitte, zählte Brügge einst. Erbaut wurden sie ursprünglich von Handwerksgilden für ihre Mitglieder und deren Witwen oder von begüterten Bürgern aus Wohltätigkeit für bedürftige Alte. Jeweils vier Parteien lebten hier in einem eigenen Häuschen. Miete zahlen brauchten sie nicht, doch jeden Abend waren sie angehalten, sich in der Kapelle innerhalb der Hofmauern zu versammeln und für den Stifter ihres Häuschens zu beten. So glaubte jener, sich den Platz im Himmel zu sichern.

Die ältesten Stiftungshöfe stammen aus dem 14. Jahrhundert; seit der Zeit der französischen Revolution sind sie Eigentum der Stadt. Viele von ihnen wurden inzwischen restauriert und modernisiert; die meisten sind wie einst von Senioren bewohnt. Zu den schönsten dieser architektonischen Komplexe zählen De Pelikaan in der Groene Rei, Zorghe und Schippers in der Stijn Steuvelstraat sowie De Meulenaere im Nieuwe Gentweg. An der Kreuzung zwischen Oude und Nieuwe Gentweg steht ebenfalls so ein historischer Sozialwohnbau, das *godshuis* Sint-Jozef. Sein Portal ist stets einladend geöffnet. Eine besondere Rolle unter den fünfzig Stiftungshaus-Erbauern der Stadt nimmt zweifelsohne Mijnheer De Vos ein. 1713 ließ er sein inzwischen restauriertes und an eine einzige Familie vergebenes Armen-Wohnensemble in der Nordstraat errichten. Seine kalkulierte Wohltätigkeit kannte selbst im Tod keine Grenzen: Für die

Familien seines *godshuis* waren an der Kirchhofmauer von Liebfrauen Plätze für die Beisetzung reserviert, quasi zu Füßen der De-Vos-Gräber.

Viele solcher Geschichten von Reichtum und Großmut ziehen sich durch Brügges Geschichte. In der Onze-Lievevrouwkerk selbst zum Beispiel ruht ein Marmorschatz in Gestalt einer frühen Michelangelo-Skulptur. Bei Gottesdiensten versteckt sich die wundervolle Madonna mit dem Kind allerdings unter einem Schleier: Zu viele Blitzlichter kunstbegeisterter Touristen würden sonst die Andacht stören.

Auch der Belfried, der fast neunzig Meter hohe Turm auf dem Marktplatz, wurde einzig als Symbol für den Wohlstand der Stadt errichtet: Die Schatztruhe und die Privilegien wurden hier aufbewahrt. Dreihundertsechsundsechzig Stufen führen zur Spitze mit Uhrwerk und Glockenspiel. Als Belohnung für den atemraubenden Aufstieg gibt es ein prachtvolles Panorama: Weit reicht der Blick über Brügges Dächer, fast möchte man glauben, schon das Meer zu erspähen am Horizont. Aber jetzt geht es erst mal wieder zurück auf den Asphalt, zum Burgplatz. Die glanzvoll aufpolierte Fassade der Alten Kanzlei dort kündet ebenfalls eindrucksvoll von der einstigen Pracht und Macht der Stadt, die der Welt den Begriff und die Institution der Börse bescherte: Im Haus der Brügger Familie Van der Beurse trafen sich bereits im 11. Jahrhundert einheimische und ausländische Händler zum Geld- und Warentausch.

Inzwischen hat Stadtführer Bob seine Tourgäste

mitten ins historische Zentrum Brügges gelotst. Hat ihnen in der seit Kurzem wieder in alter Helligkeit strahlenden Basilika vom Heiligen Blut die älteste Skulptur der Stadt gezeigt, ein Steinrelief der Taufe Christi. Und hat seine Schatzkiste mit Geschichten und Anekdoten weiter geöffnet. So erfahren die Besucher, dass die Herren von Gruuthuse ihren Reichtum (den der gleichnamige Palast spiegelt) dem Verkauf von Grütze verdanken (flämisch: *gruut*), einer Mischung aus Kräutern, die dem Bier Geschmack gab. Überdies verrät Bob, wie die Brügger mit dem für sie typischen Witz den von dem japanischen Künstler Toyo Ito für das Kulturhauptstadtjahr geschaffenen und auf dem Burgplatz verbliebenen offenen Pavillon mit gläsernen Wabenstrukturseiten tauften: Waschanlage des Gouverneurs. Außerdem lehrt Bob die Fremden, dass die kaum schulterbreite Rue de la Gare einen Steinwurf weiter einst eine Brandgasse war, die bis zu einer der *reien* führte, wie die Brügger Stadtkanäle heißen. Noch heute diene sie, so der agile Guide, dem Löschen – allerdings auf eine andere Art. An ihrem Ende steht inzwischen eine der drei verbliebenen Brügger Brauereikneipen. Und es heißt, ihr Gerstensaft sei noch gefährlicher als jener aus dem Traditionshaus Halve Maan, bei dem schon der Name auf die Stärke verweist: »Straffe Hendrik« heißt nämlich dieses Bier.

Zum Abschluss lässt Bob seine Gäste den Blick auf ihre Füße richten. Oder besser, auf das, was unter ihnen liegt: den typischen Brügger Pflasterstein. Peter Quijo, Juwelier in der Breidelstraat, schliff nach dem Vorbild dieser historischen *pavés* einen Diamanten und formte mit mehr als hundert von ihnen einen eckigen Armreif. Dieser Entwurf brachte ihm den Oscar der Schmuckzunft ein, den De Beers Diamonds International Award. Noch so eine Geschichte von Brügger Reichtum und Können ...

Florales Design in Holz und Stein

*Ein Besuch bei dem flämischen Vater des Art nouveau,
Victor Horta, und seinen Kollegen*

Kurz vor Brüssels Nordbahnhof fühlen wir uns zurückversetzt ins ausgehende 19. Jahrhundert. Denn
in der Nähe des Gare du Nord liegt eines der drei
Brüsseler Jugendstilviertel. Die beiden anderen locken im Süden: Saint-Gilles und Ixelles. In diesem
Vorortbezirk der belgischen Metropole stehen gut
die Hälfte ihrer sechzig *principaux édifices Art nouveau* – von insgesamt mehr als zehntausend Bau-
werken jener Zeit. In Saint-Gilles lockt das wohl
wichtigste dieser sechzig »wichtigsten Brüsseler
Jugendstilgebäude«: das seit 1969 als Museum fun-
gierende Horta-Haus.

Victor Horta, geboren anno 1861 in Gent, gestorben 1947 im Brüsseler Stadtteil Etterbeek, gilt
als Begründer des Art nouveau in Belgien. Unter
seinem Einfluss erfuhren Architektur und angewandte Künste zur vorletzten Jahrhundertwende
eine außergewöhnliche Wiederbelebung. In seinen eigenen, 1898 errichteten Wohn- und Atelier-
räumen in der Rue Américaine – ganz in der Nähe
wurde vor einiger Zeit die mit original Art-nou-
veau-Schmuckgittern ausgestattete Metro-Station
Horta eröffnet – atmet auch noch das letzte Detail
den Geist dieser neuen Stilphilosophie. Alles ist hell
und licht; opakes, farbiges und transparentes Glas

paart sich mit apart geformtem Eisen, mit Kacheln und Holz. Die Linienführung ist schwingend vom tonnengewölbten Dach bis in den Handlauf des Treppengeländers. Profane Heizungsrippen sind zur schlanken, hochaufragenden Säule veredelt; die Röhren für die Gaslampen wirken wie Blüten-stängel. Selbst die winzige Streichholzschachtelhal-terung im Wohn- und Musikzimmer der Hortas folgt dem pflanzenhaften Gestaltungsstil des Art nouveau.

Hortas persönliches Domizil war allerdings nicht die erste der von ihm gebauten Villen in Brüs-sel. Dieser Titel gebührt der Maison Autrique an der Chaussée de Haecht, inzwischen dank des En-gagements zweier berühmter Comic-Zeichner res-tauriert und als Ausstellungsadresse zugänglich.

Eugène Autrique, Ingenieur bei Solvay und mit Horta befreundet, bat den jungen Architekten sei-nerzeit um Folgendes: Ein Haus »ohne Luxus und Extravaganz, mit bewohnbarem Souterrain, Ein-gangsbereich und Treppe ansehnlich, Salon und Speisezimmer angenehm vereint, die erste Etage mit Bad und Toilette, die zweite als Mansarde für die Kinder und das Personal«.

Das Ergebnis ist noch kein reiner Jugendstilbau, doch lassen sich bereits die ersten jener Elemente entdecken, die Horta in Zukunft ständig weiterent-wickeln wird: die Verwendung von Metall und in-dustriellen Materialien, verschieden dicke Mauer-verblendungen, das Nebeneinander von Symmetrie und Asymmetrie. Sein erstes Haus im eindeutigen Stil des Art nouveau entstand aber recht bald, es ist die Maison Tassel (1893) in der Rue Paul-Emile Janson, für einen erfolgreichen Ingenieur gleichen Namens; eine spätere gestaltete er auf der heute als luxuriöse Einkaufsstraße bekannten Avenue Louise für den Anwalt Max Hallet. In der gleichen Straße lässt sich auch 1895 die Industriellenfamilie Solvay von Horta ihre Stadtvilla erbauen: eine Komposition aus hellem Sandstein und Lagen von blauem Kalkstein, angelegt wie ein modernes Triptychon. Mit seiner horizontalen und vertikalen Gliederung sowie den konvexen und konkaven Formen erscheint es überaus bewegt. Sichtbar ist hier und da die genietete Eisenstruktur des Gebäudes.

Sowohl das Hôtel Solvay als auch das Hôtel Tassel wurden inzwischen, wie Hortas eigenes Atelier und Domizil, zum UNESCO-Weltkulturerbe erklärt; gleiches gilt für das Hôtel von Eetvelde, das Herrenhaus eines Staatssekretärs zwischen Square Ambiorix und Square Marie-Louise mit dezentem Fensterschmuck aus verschlungenen Linien.

Horta baute seine *hôtels particuliers* aber nicht nur für Politiker, Ingenieure, Bankiers, Rechtsanwälte, Kaufleute und andere wohlhabende Zeitgenossen. Auch ein Kollege zählte zu den Auftraggebern: Henry van de Velde. Im Quartier des Squares unweit des Jubelparks ließ er sich von ihm das Hôtel Deprez-Van de Velde errichten. Van de Velde gilt als zweiter herausragender Vertreter des fantasiesprühenden belgischen Jugendstils beziehungsweise seiner Nachfolge, des Art déco. Wie Horta hinterließ er nicht nur in der Metropole seine Spuren in Gestalt prachtvoller Wohnhäuser und Geschäfte, sondern auch in anderen Teilen des Landes. Sein monumentalstes Bauwerk ist in Gent erhalten: das Ensemble aus Universitätsbibliothek und Institut für Kunstgeschichte und Archäologie sowie die ehemalige Poliklinik. Das Genter Designmuseum zeigt zudem eine der größten öffentlichen Sammlungen von Möbeln und Objekten van de Veldes. Zu den Exponaten zählt unter anderem das komplette Esszimmer inklusive Türen und Kamin der Brüsseler Wohnungseinrichtung für Frau de Craene-Van Mons (1898).

Von den Brüsseler Wohnhäusern ist das Haus Bloemenwerf in der Avenue Vanderaey in Uccle, abgesehen von seiner Fassadenfarbe, weitgehend in seinem originalen Zustand erhalten; der Garten wurde wiederhergestellt. Dagegen wurde das Nachbarhaus für Louise Sèthe, van de Veldes Schwiegermutter, durch Um- und Anbauten entstellt. Für die Häuser Paul Otlet und De Brouckère beauftragte der Architekt Octave van Rysselberghe (1855–1929) van de Velde nur mit den Inneneinrichtungen. Das Treppenhaus des Hauses Otlet und einige ornamentierte Glasfenster sind in ihrem Originalzustand erhalten. Das Denkmal Merode von 1898 ist eine Zusammenarbeit mit dem Bildhauer Paul Du Bois, van de Veldes Schwager. Die Wohnhäuser aus den zwanziger und dreißiger Jahren sind alle in gutem Zustand erhalten, von Haus Wolfers sogar der geometrische Garten. Die »Maison nouvelle« hat van de Velde von 1928 bis 1947 selbst bewohnt. Das Haus Gregoire-Lagasse kommt durch den für van de Velde ungewöhnlichen weißen Putz und die scharfen Kanten dem *style international* am nächsten.

Ab 1903 löste sich auch Horta vom Jugendstil, seine geschwungenen Linien weichen dominierenden Geraden. Sein »Gepräge« indes bewahrt sich der Meister auch in der zweiten Hälfte seiner Laufbahn: das Licht, die Farben des Lichts, den Raum und vor allem die räumliche Aufteilung.

Das Museum der Schönen Künste in Tournai (1903–1928), das Brugmann-Krankenhaus (1912–1924) in Brüssel und der Palast der Schönen Künste (1922–1928) dort sind die wichtigsten Zeugnisse der Horta'schen Art-déco-Ideen.

Ein nicht unerheblicher Teil der Bauten Hortas wurde leider zerstört: das Hôtel Aubecq etwa, eines seiner Hauptwerke, wurde 1950 demoliert, fünfzehn Jahre später erlitt das Volkshaus (Maison du Peuple – 1896–1899) das gleiche Schicksal – trotz eines beim Internationalen Kongress der Architekten in Venedig einstimmig angenommenen Antrags, der sich dem Abriss widersetzte. Die beiden Kaufhäuser in der Rue Neuve und der Rue Gréty, die Horta entworfen hatte, brannten ab beziehungsweise wurden ebenfalls abgerissen. (Nicht anders erging es übrigens Hortas Kaufhaus Hansa in Frankfurt am Main.)

Erhalten indes und für Besucher frei zugänglich ist die Stoffhandlung Waucquez, eines der wenigen Jugendstilzeugnisse im Zentrum von Brüssel überhaupt. Das Gebäude in der Rue des Sables birgt heute das belgische Zentrum für Comics – widmet aber in der lichtdurchfluteten Eingangshalle seinem Schöpfer eine kleine ständige Erinnerungs-ausstellung.

Zurückgekehrt von unserer Vorort-Exkursion – wir haben in Saint-Gilles unter anderem noch das als Fotogalerie genützte Hôtel Hannon besucht, ge-baut nach einem Entwurf von Jules Brunfaut und beeindruckend durch seinen ornamentalen Mosa-ikfußboden sowie ein über mehrere Stockwerke reichendes Fresko entlang der geschwungenen Treppe – bleiben uns in der Stadtmitte neben Hor-tas Maison Waucquez noch knapp eine Handvoll weiterer Möglichkeiten zur Begegnung mit dem Jugendstil.

Eine davon wäre der Besuch der Grands Maga-sins Old England in der Rue Montagne de la Cour – einem Architekturensemble von Paul Saintenoy. Da wir es aber vorziehen, unseren Füßen nach dem langen Art-nouveau-Spaziergang die wohlverdien-te Ruhe zu gönnen und überdies unser Magen ganz ordentlich grummelt, entscheiden wir uns statt fürs Einkaufen fürs Speisen. In der Rue Royale lockt das Restaurant »De Ultieme Hallucinatie«, konzipiert und ausgestattet von Hortas Kollegen Paul Hamesse. Der Blick hinein zeigt uns ein weißes Klavier mit goldenen Pflanzendekors, eine weiße Garderobe mit einem aus Messing gearbeiteten Pfauenrelief, stilisierte Blumendekors in Zartgrün und Gold. In die weißen Türen sind Buntglasfenster eingelassen, der Fußboden ist mit gelben, weißen, azurblauen und blutroten Mosaiksteinchen bedeckt. In einem Farbambiente zwischen warmem Orange und Gelb schwingen die Linien des Jugendstils, und auf der

Karte steht Kaninchen in Kirschbier sowie ein spezielles Art-nouveau-Menü.

Im »Le Cirio« nahe der Börse herrscht eher eine plüschig-kitschige Atmosphäre: Dunkles Holz prägt die Stimmung, glockige Glasleuchter spenden gedämpftes Licht, allerlei Nippes, der heilige Georg auf einem Sockel und Marionetten, die aus dem nahe gelegenen Toone-Theater stammen, zieren den Raum. Ein buntes Völkchen aus Einheimischen und Touristen sitzt im benachbarten »Le Falstaff«, für das wir uns schließlich entscheiden. Die 1883 eröffnete Brasserie gilt als eines der exquisiten Beispiele reinen Jugendstils. Nach dem dritten Glas *Geuze* stört es uns dann auch fast gar nicht mehr, dass der stilgerecht in eine weiße Schürze gewickelte Kellner die Bestellung statt auf einem Block in den Handcomputer notiert. Und dass die farbigen Glasfenster mit ihren barocken »Falstaff«-Motiven eigentlich gar nicht so recht zu Houbions elegantem Jugendstilinterieur passen …

Meeresluft für den Maskenmaler

In der flämischen Bäderstadt Oostende lebte und wirkte James Ensor, der wichtigste Vertreter des belgischen Symbolismus

Großmäulige Schuppenkreaturen schwimmen armrudernd in Neptuns Netze. Ein Seesternchen schaut begeistert auf Ohrring und Augenklappe des finsteren Piraten. Vier Meerjungfrauen locken kichernd eine Schar junger Matrosen zur Bar. Kijk! Regarde! Look! In fast allen Sälen des Kasinos von Oostende drängt sich an diesem Abend der »Sieben Meere« ein merkwürdiges Völkchen unter der Brandung sanfter und fetziger Melodien. Bunt gewandet, in absonderlicher Maskerade (oder auch nur schlicht in Abendgarderobe – Fliege ist dabei Pflicht für die Herren!) amüsiert man sich prächtig, jenseits aller Sprachgrenzen und Konventionen. Schrill, elegant, fantasievoll, selbst entworfen oder für teures Geld eingekauft: Die Vielfalt der Gewänder ist eindrucksvoll. Das schönste wird später preisgekrönt.

Mehrere Tausend Gäste haben sich wieder in Schale geworfen anlässlich des Kostüm- und Karnevalballs von Oostende, einem der größten seiner Art auf dem europäischen Kontinent. Jedes Jahr steht er unter einem anderen Motto: Belle Époque, Samba, Fische, Frankreichs Geschichte – oder eben »Sieben Meere«. Seinen makabren Namen indes hat das Maskenereignis seit den Anfängen nicht gewechselt: Im Frühjahr 1898 lud eine Gruppe von Oostender Notablen erstmals zum »Bal du Rat Mort«, dem Ball der toten Ratte. Es waren die Herren des Cercle Coecilia (der später den Zusatz *koninklijke*, also königlich, erhielt), eines Kreises, dessen Devise »Kunst und Wohltätigkeit« lautete. Sein Ziel war es, den Witwen und Waisen der auf dem Meer verschollenen Fischer zu helfen und arme Familien zu unterstützen. Die benötigten Gelder wurden bei Konzerten, Ausstellungen, Theateraufführungen und anderen kulturellen oder gesellschaftlichen Veranstaltungen eingenommen.

Die Idee für die karitative Festivität und ihren Namen geht zurück auf einen Ausflug einiger Coecilia-Mitglieder nach Paris. Es ist eine vergnügliche Herrenpartie: Der Dirigent und Komponist Léon Rinskopf ist dabei, der Ingenieur Albert Ditte, Bürgermeister Firmin Pleyn. Später stößt noch ein junger Mann namens James Ensor hinzu, seines Zeichens Maler und Radierer. Die Männerbande amüsiert sich köstlich in den Etablissements der französischen Metropole, vor allem im Montmartre-Viertel. Das »Moulin Rouge« steht auf ihrem Programm, danach gelangen die Herren in himmlische Gefilde (»Le Ciel«) sowie zu den feurigen Freuden der Hölle (»L'Enfer«). Und als der Morgen dämmert, landen sie schließlich im Reich der toten Ratte – »Au Rat Mort«. Das Orchester dieses Kabaretts hat längst den Heimweg angetreten, aber der Mann am Klavier hält noch die Stellung. Und zusammen mit ein paar hübschen, ebenfalls noch wachen Tänzerinnen sorgt er für einen würdigen Epilog der tollen, aufregenden Pariser Nächte des Oostender Männerclubs.

Zwei Jahre nach seinem eindrucksvollen Ausflug ins Nachbarland lässt der Cercle Coecilia die »Tote Ratte« das erste Mal im heimatlichen Oostende hochleben. Ein spektakulärer Mummenschanz, ganz nach dem Geschmack vor allem von James Ensor – alte Fotos zeigen ihn etwa mit einem Turban auf dem Kopf oder ausstaffiert mit einer der von ihm als »steinbuttig, bärtig, stockfischig, schollig, spitzbübisch« bezeichneten Masken – und seiner Passion für das Bizarre. Die Kunstgeschichte wird ihn später den Maler der Masken nennen. Für die Zeitgenossen in seiner Heimatstadt bleibt der schlaksige Eigenbrötler mit Hang zum Morbiden, Albtraumhaften – sein Werk bevölkern Spukgestalten, Skelette, Dämonen, Fratzen – jedoch lange nichts anderes als Pietje de dood, »Pierrot der Tote«.

Für die Bälle der »Toten Ratte« und andere Verkleidungen – während der Karnevalstage zog Ensor gern vermummt durch Oostendes Straßen, gebärdete sich wie verrückt und stieß tierische Laute aus – findet der schon früh rebellische Sohn einer Oostender Spitzenhändlerstochter und eines in Brüssel geborenen, glücklosen englischen Ingenieurs fast alles im Souvenir- und Kuriositätengeschäft, das seine Mutter mit ihrer Schwester Mimi und deren Mann Leopold in der Vlaanderenstraat 27 betreibt. »Es wimmelte von abscheulichen Spinnen, Muscheln, Pflanzen und Tieren ferner Meere, schönem Porzellan, rost- und blutfarbenem Plunder, roten und weißen Korallen, ausgestopften Affen, Schildkröten, getrockneten Molchen …«, schreibt Ensor in seinen Erinnerungen.

Im Alter von fast sechzig Jahren nimmt der Künstler, der seine Geburtstadt Oostende nie länger verlassen hat, außer zu seinem dreijährigen Studium in Brüssel (wo er dem aus Grembergen stammenden Landsmann und Kollegen Fernand Khnopff begegnete) und einer Reise nach London, um die Arbeit von William Turner kennenzulernen, im Haus der Kuriositäten- und Souvenirhandlung sein letztes Quartier; Onkel und Tante haben es ihm vererbt. Den Laden im Erdgeschoss lässt er unangetastet; sein Atelier richtet er sich in der ersten Etage ein. Nach seinem Tod 1949 setzen sich Freunde dafür ein, das Gebäude zu seinem Andenken als Museum zu erhalten. Es sollte aber noch gut zwanzig Jahre dauern, bis Königin Fabiola das renovierte und restaurierte Ensemble in dieser Funktion der Öffentlichkeit übergeben konnte.

Zwei Etagen sind heute wieder begehbar; das Erdgeschoss mit Masken in den Wandschränken, Kunstpostkarten und fotografischen Aufnahmen, die Ensor in verschiedenen Posen und Kostümierungen zeigen. Im ersten Obergeschoss liegt auf der Vorderseite zur Straße der Blaue Salon, einst zugleich Esszimmer und Empfangsraum des Künstlers, Werkstatt und Atelier. Das Mobiliar ist original, bei den Gemälden handelt es sich zumeist um Reproduktionen. Das gilt auch für den »Einzug Christi in Brüssel«; das Original befindet sich im Paul Getty Museum von Los Angeles.

Ensor hatte das mehr als vier mal zweieinhalb Meter große Werk – wie das Gros seiner frühen Seestücke, Landschaften, Porträts – noch auf dem Dachboden seines Elternhauses gemalt, Stück für Stück, ein Teil der Leinwand lag stets am Boden. Dreißig Jahre lang blieb das fertige Gemälde aufgerollt in einer Ecke dieses ersten Ensor'schen Ateliers, dessen Fensterblick ihm bis 1917 viele Motive lieferte. Erst mit dem Umzug des nicht nur künstlerischen Enfants terrible in das neue, bis zu seinem Tod 1949 bewohnte Quartier in der Vlaanderenstraat 27 kommt sein meisterlicher Protest gegen die gefällige Salonkunst erstmals zum Hängen: an der Wand über dem Harmonium, auf dem er unter anderem Ballettmusiken komponierte.

Tausende grotesker Figuren strömen aus dem Bildhintergrund auf den Betrachter zu; jubelnd, musizierend, den Gottessohn (der die Züge Ensors trägt) auf dem Esel begleitend; Fischersfrauen, grinsende Soldaten, ein Doktor mit Zauberhut, ein pompöser Bischof als Tambourmajor, Politiker in Clownskostümen. Ein Jahr hatte der damals Achtundzwanzigjährige gemalt an diesem virtuosen Spotttableau; ausstellen wollte es niemand. Fast alle seine Werke wurden anfangs abgelehnt; kein Wunder also, dass Ensors erste Ausstellung statt in einer Galerie in einer Teppichhandlung stattfand. Warum und wie sehr Kritiker und Akademien irritiert waren von seiner Kunst, erklärt der Prä-Expressionist selbst so: »Ich überfiel alle gängigen Malereiformen. Es hagelte Kritik, und seitdem lasse ich meinen Schirm nicht mehr los: Sie verfluchten und beschuldigten mich, ich bin verrückt, schlecht, bösartig, unbequem, unwissend, ein einfacher ›Kohl‹ wird eine Verdorbenheit, mein ›Interieur‹ ist platt, meine bürgerlichen Salons sind Foyers von Revolutionären. Ein höllischer Streit ist losgebrochen …«

Tatsächlich schürt Ensor das Feuer seiner Widersacher immer wieder selbst mit Eifer. Seine Werke zeigen beispielsweise menschliche Käfer, einen urinierenden Mann, den Künstler selbst mit Blumenhut und schriftlichen Bildzusätzen wie »Ensor est fou« (Ensor ist verrückt) – die pure Provokation für alle bourgeoisen Geister. Auch mit seinen Künstlerkollegen, etwa Franz Charlet, Willy Finch, Dorio De Rogoyas und Theo van Rysselberghe, wie er selbst Mitglied des Kunstrings »L'Essor«, gerät der äußerst reizbare Bilder-Revolutionär immer wieder aneinander.

Erst spät verebbt die Wut gegen den Sarkasten und Sonderling und sein Ruhmesstern beginnt aufzusteigen: 1927 stellt er in Hannover aus, 1928 in Dresden, Berlin, Leipzig und Mannheim; 1929 werden Ensors Werke schließlich auch im Palast der Schönen Künste in Brüssel gezeigt. Es folgen Ausstellungen in weiteren Kunsttempeln wie dem Pariser Musée du Jeu de Paume oder der Londoner National Gallery. Der Maskenmaler wird zum Baron geadelt und mit dem Orden der Ehrenlegion ausgezeichnet. Der französische Minister Anatole de Monzie reist sogar eigens nach Oostende, um die Ehrung vorzunehmen. Allerdings sieht man de Monzie später, an der Seite von Ensor, Einstein und Croquez in De Haan im »Cœur Volant«, beim Abendessen.

Ensor ist zu diesem Zeitpunkt immer noch unverheiratet, pflegt aber seit Jahrzehnten eine Freundschaft zu Augusta Bogaerts, seiner »Sirene«. Er malte sie unter anderem in dem bekannten Doppelporträt aus dem Jahre 1905. Ansonsten diente dem eingefleischten Junggesellen mitunter auch sein trunksüchtiger Vater als Modell, vor allem aber seine Schwester Mietje (»Die Austernesserin«) und manchmal deren Tochter Alex, eine Halbchinesin.

Mit Auguste Van Yper, seinem Diener, wohnt Ensor bis an sein Lebensende in der Vlaanderenstraat 27; führt ein offenes Haus für Freunde, Bewunderer, Kritiker, Journalisten und prominente Gäste. Emil Nolde zählt zu ihnen, der Schriftsteller Stefan Zweig, Albert Einstein. Nach den großen Ausstellungserfolgen in den zwanziger Jahren enthüllt Ensor am 13. April 1930 sogar sein eigenes Standbild mit seinem Lieblingsspruch »Pro Luce« im Vorgarten gegenüber des Oostender Kursaals. Am 19. November 1949 stirbt der Kunstrebell im Alter von neunundachtzig Jahren in der Heiliges-Herz-Klinik in Oostende. Sein Grabstein befindet sich neben den Toren seiner geliebten und wiederholt gezeichneten Dünenkirche Onze-Lieve-Vrouw-ter-Duinen auf dem Weg zur Mariakirche in Oostende. Und posthum gelang Ensor sogar noch ein letzter Coup: Von dem belgischen Hundertfrancschein blickte der so lange verachtete und umstrittene Künstler seinem Volk hochmütig ins Gesicht.

Fromme Frauen, frei und doch hinter Mauern

Flanderns berühmte Beguinenhöfe haben ihren Ursprung bereits im 12. Jahrhundert

»Er hieß Leopold; alle nannten ihn Po.« Marta seufzt auch nach fünfzig Jahren noch immer, wenn sie von ihm spricht. Der Zufall führte Regie bei ihrer ersten Begegnung: sie, die wohlbestallte Bürgerstochter an der Seite der Mutter im Café; er als neuer Schankbediensteter dort. Sie sahen einander einige Male in diesem Lokal, wechselten belanglose Worte. »Es gab keine Chance für unsere Liebe.« Zu groß war der Standesunterschied. »Ich konnte mir aber mein Leben nicht vorstellen mit einem anderen Mann. Bei meinen Eltern bleiben wollte ich auch nicht. So trat ich mit neunzehn bei den Beguinen ein.«

Der Beguinenorden entstand bereits Ende des 12. Jahrhunderts; quasi als Antwort auf die überfüllten Klöster (denn unverheiratete Frauen hatten damals wenig andere Überlebensmöglichkeiten als in religiösen Institutionen). Als sein Stifter und Namensgeber gilt ein gewisser Lambert le Bègue, Priester in Lüttich. Die Grundidee war folgende: Wohlhabende, aber auch weniger begüterte Frauen, junge Mädchen, aber auch Witwen bildeten ohne Segen des Papstes eine religiöse, eigenverantwortliche Gemeinschaft. Auf freiwilliger Basis lebten sie in engem Kontakt mit- und füreinander, widmeten sich der Armen- und Krankenpflege (teils in eigenen Hospizen, den sogenannten Infirmerien), der Erziehung von Waisen und später auch der Seelsorge. Im Gegensatz zu Nonnen mussten Beguinen kein ewiges Gelübde ablegen – Keuschheit war allerdings Pflicht – und konnten jederzeit wieder austreten aus der Gemeinschaft. Innerhalb der Gemeinschaft indes herrschte ein strenges Reglement, das man schon früh in einem schriftlichen Kodex zu fixieren versuchte. Jede Beguine hatte die gleichen Rechte und Pflichten – ungeachtet ihres vormaligen weltlichen Standes. Ob reich oder arm, für ihren Lebensunterhalt musste sie selber sorgen. Eine Erwerbsquelle der Beguinen war die Ausbildung der ihnen anvertrauten Mädchen, zudem webten sie Leinen und klöppelten Spitze. Fester Bestandteil ihres Alltags waren Gebet und innere Einkehr. Jede Beguinengemeinschaft war souverän und wurde von einer demokratisch gewählten *grootjuffrouw* (wörtlich Großjungfrau) geleitet.

Rasch fand das Konzept Bègues Anhängerinnen auch in Deutschland, Frankreich und Flandern. Ursprünglich lebten die Beguinen meist in lockerer Dorfformation in der Nähe eines Gebetshauses oder mieteten gemeinsame Häuser in direkter Nähe zu einer Kapelle, eines Hospitals. Erst allmählich schufen sie sich eine eigene Architektur, grenzten sich durch Mauern ab von der Stadt. So entstanden die heute aus ganz Flandern bekannten Beguinenhöfe. »Ihre Eingangstore wurden meist am Abend abgeschlossen«, erzählt Marta, »tagsüber war freier Ausgang aber sehr wohl erlaubt.«

Wie kommt es, frage ich Marta, dass Flanderns Beguinenhöfe – von denen übrigens ein gutes Dutzend inzwischen zum schützenswerten UNESCO-Weltkulturerbe zählen und teilweise eine liebevolle Restaurierung erfuhren – oft so prachtvoll ausgestattet sind? Woher kam das Geld der doch in Askese lebenden Frauen? Marta lacht. »Von reichen Gönnern oder Gönnerinnen.« »Unser Hof etwa, in Lier«, so erzählt eine der letzten fünf echten Beguinen Flanderns, »wurde von Herzogin Aleidis von Brabant gestiftet.« Seine Häuser aus rotem Ziegelstein, weiß gefugt und mit bogigen Pforten, tragen Namen wie »Paradieske«, »Zum lieben Jesu« oder »Stall von Bethlehem«. In den Gärtchen blühen Geranien, Petunien, Dahlien, Malven, Rosen in Rosa und Rot. Spät am Nachmittag leuchtet das gesamte Ensemble in einem besonderen Licht. Kein Wunder, dass immer wieder auch Künstler und Literaten dem Zauber dieses weitläufigen, von Straßen und Gassen durchzogenen Hofes erlagen. Schon Victor Hugo schwärmte von dem lauschigen Winkel, und sein englischer Erzählerkollege Chesterton beschrieb ihn unter anderem mit den Worten: »Hier glaubt man an Gott mit einem Stück Speck im Mund.«

Auch der Beguinenhof von Brügge ließ Dichter immer wieder schwärmen: Rilke und Baudelaire setzten ihm ebenso ein literarisches Denkmal wie Georges Rodenbach in seiner Novelle »Bruge la morte«. Marcel Proust empfahl den religiösen »Weingarten« am Minnewater als Reiseziel, »weil das der einzige Ort auf der ganzen Welt ist, wo die Atmosphäre vollkommen der notwendigen Trauerstimmung entspricht«. Nun ja. Auch Marta muss lachen bei dem Zitat. Sie liebt den Brügger »Wijngaarde« ihres Ordens gerade wegen seiner Heiterkeit, vor allem im Frühjahr, wenn alles dort blüht.

»Diesen Hof hat übrigens auch eine Adelige gestiftet«, weiß die alte Dame, »Johanna von Konstantinopel, die Gräfin von Flandern.« Über die Dijverbrücke und durch ein hohes klassizistisches Portal betritt man den Fürstlichen Beguinenhof (Frankreichs König Philipp der Schöne erhob ihn in diesen Stand). Bewohnt wird Flanderns meistbesuchtes Stift heute allerdings von Benediktinerinnen, nachdem 1930 die letzte Beguine gestorben war. Die Häuschen mit ihren Vorgärten stammen aus dem 17. Jahrhundert. Gleich neben dem Eingang befindet sich ein kleines, als Museum eingerichtetes *begijnhuisje*.

Hier ist auch eine der weißen Kopfbedeckungen zu sehen, denen die Beguinen ihren Namen gaben. Mehr als hundert Jahre lang, von der Spätgotik bis in die Renaissance, wurde das weiße Haubentuch von Frauen aus allen Gesellschaftsschichten in Flandern, Deutschland und Frankreich getragen. Die zipfelige *béguin* ist häufig auch auf Gemälden von flämischen Malern verewigt, bei Bruegel etwa in der berühmten »Bauernhochzeit« oder in den Werken von Lucas van Leyden.

Die große Liebestätigkeit der Beguinen stellte zuzeiten die Klöster völlig in den Schatten, weshalb sie von diesen mit Neid betrachtet und vonseiten der Kirche nicht selten in ihrer Tätigkeit behindert wurden. Immer wieder witterten die Bischöfe hinter der Eigenständigkeit der Beguinen ketzerische Tendenzen. In einigen Städten wurden die frommen Frauen verfolgt, ihr Besitz beschlagnahmt. Das Leben so mancher Beguine endete damals auf einem Scheiterhaufen. Papst Clemens V. ließ die Beguinenbewegung auf Druck der deutschen Bischöfe verbieten; Johannes XXII. hob anno 1318 die Anordnung seines Vorgängers allerdings wieder auf – zumindest für Flandern. Er hatte die südländischen Bischöfe damit beauftragt, die Beguinenhöfe in ihren Sprengeln auf deren Glaubensstand hin zu überprüfen. Die Beurteilung fiel derart positiv aus, dass die flämischen Höfe weiter bestehen konnten.

Bis zu drei Prozent der weiblichen Bevölkerung des Landes lebten einst in den siebzig Beguinenhöfen Belgiens. Jene von Lüttich, Brüssel oder Löwen beherbergten zeitweise bis zu tausendfünfhundert Beguinen. Nachdem das 14. Jahrhundert sein dunkles Tuch auch über Gemeinschaften der mulieres religiosae gebreitet hatte, setzten die Religionsunruhen des 16. Jahrhunderts den Höfen erneut heftig zu. Der Große Beguinenhof von Mechelen zum Beispiel wurde 1578 sogar gänzlich verwüstet, ein Jahr später traf es den Beguinenhof von Brüssel mit schweren Plünderungen. Dass die Bewegung der Beguinen dennoch fortbestand, verdankt sich vor allem zwei Personen: Johann Hauchinus, der ab 1583 das neue Erzbistum Mechelen leitete, und Beguinenhofpastor Nicolaas Esschius in Diest. Letzterer förderte in erster Linie die Wiederbelebung des geschlossenen Charakters der Beguinensiedlungen, um so die Kontakte zur Außenwelt einzudämmen. Das Leben wurde damit strenger für die frommen Frauen, sie mussten fortan einheitlich schwarze Kleidung tragen und der Hofleitung unbedingten Gehorsam entgegenbringen. Außerdem unterzog er jeden Hof einer regelmäßigen Visite. So erlebten die Beguinenhöfe im Zuge der Gegenreformation nochmals so etwas wie eine Blütezeit: Eine von zwanzig Frauen war zu dieser Zeit eine Beguine.

Der verstärkte Andrang machte eine Erweiterung oder zumindest Sanierung der bestehenden Gebäude und Unterkünfte notwendig. Im Rahmen größerer Bautätigkeiten wurden die traditionellen Lehmbauten durch Steinhäuser ersetzt. Kirchen im gotischen Baustil erhielten eine kosmetische Behandlung und erstrahlten anschließend im barocken Kleid. All diese Bestrebungen konnten dem Niedergang der Beguinenhöfe an sich jedoch nicht entgegenwirken. Die Verbürgerlichung der Gesellschaft im 18. Jahrhundert und der damit einhergehende Materialismus waren offenbar unvereinbar mit dieser Form der Religiosität. Kaiserin Maria Theresia verhängte 1753 hohe Steuerabgaben auf kirchliche Besitztümer, darunter fielen auch die Beguinenhöfe. Viele der Gemeinschaften gaben daraufhin ihre Häuser zur Miete frei an Frauen aus dem Volk. Aber auch immer mehr Beguinen verließen ihr angestammtes Umfeld und wählten ein neues Leben. Ihre Höfe begannen zu verfallen. Unter Josef II., der die Klöster auflösen ließ, fanden noch einmal zahlreiche Nonnen Zuflucht in den Beguinenhöfen.

Mit der Französischen Revolution hörten die meisten Beguinenhöfe auf zu existieren. Die Idee der Beguinen fand ihren Fortbestand in Form karitativer Einrichtungen; das Eigentumsrecht der Frauen wurde abgeschafft, die Beguinen mussten ihre Kutten ablegen und durften keine Novizinnen mehr annehmen. Nach einem kurzen Wiederaufleben der Beguinenkultur im 19. Jahrhundert begann mit dem 20. Jahrhundert der endgültige Niedergang der Höfe. Ausschlaggebend war nicht zuletzt sicher auch die Tatsache, dass die Moderne vielen Frauen neue Tätigkeitsbereiche und Berufe ermöglichte, mit denen sie genauso ihren Lebensunterhalt bestreiten konnten wie innerhalb der Mauern eines Beguinenhofs. Die Attraktivität eines Lebens in der traditionellen religiösen Gemeinschaft nahm rapide ab: Während um das Jahr 1900 noch insgesamt tausendfünfhundert Beguinen Flanderns Beguinenhöfe besiedelten, zählt man sechzig Jahre später gerade noch fünfhundert. »Heute sind wir gerade noch eine Handvoll ›echter‹ Beguinen in Flandern«, weiß Marta. »Das Gros unserer einstigen Höfe wurde umgewandelt in Altenheime, Sozialwohnungen oder Studentenunterkünfte.« Wieder entschlüpft ein Seufzer Martas Lippen. Doch diesmal gilt er ganz offensichtlich nicht Leopold, dem unerreichten Geliebten …

Von Wacholderbeeren und Ochsenköpfen

Flandern ist auch die Wiege der zweitberühmtesten belgischen Flüssigkeit: des Genevers

Einmal im Jahr herrscht im Herzen von Hasselt besonders großes Gedränge. Und das liegt nicht daran, dass an diesem Tag alle öffentlichen Verkehrsmittel kostenfrei verkehren – das tun sie auch an den anderen dreihundertvierundsechzig Tagen des Jahres. An diesem Oktobersamstag lockt etwas anderes die Menschen in die selbst ernannte *Hoofdstad van de Smaak*, die Geschmacksmetropole: Von nah und fern strömen sie zum Borrelmanneke-Brunnen in der Maastrichterstraat. Denn an dieser öffentlichen Fontäne mit der Plastik eines Mannes, der – auf der Flanke eines Ochsen sitzend – ein rinnendes Fass auf seiner Schulter hält, beginnt das wohl berühmteste Fest des limburgischen Städtchens: De Hasselte Jeneverfeesten. Wer sich rechtzeitig einfindet zum Auftakt des Schnapswochenendes am Brunnen, kommt in den Genuss eines besonderen Spektakels, ja fast eines Wunders: Aus dem Fässchen des *borrel manneke* strömt dann statt Wasser Wein – genauer gesagt *korenwjin*, vulgo *jenever* oder Genever. Und das Probieren davon ist kostenlos.

Die zweitberühmteste flüssige Spezialität Belgiens ist wohl das Stärkste, was aus Gerste und Roggen werden kann. Bereits im 16. Jahrhundert künden die Chroniken von dem hochprozentigen Destillat im gesamten damaligen flämischen Sprachraum, den sogenannten »siebzehn Provinzen«. Dazu gehörten auch Französisch-Flandern (größtenteils aufgegangen in der Region Nord des französischen Départements Nord-Pas de Calais, um die Städte Dünkirchen und Lille) sowie die heutigen Niederlande.

Es waren aber weder die Franzosen noch die Holländer, die dem *jenever* seinen Weg bereiteten, sondern die Orientalen. Denn auf sie geht die Kunst des Destillierens zurück. Bereits die alten Ägypter kannten dieses thermische Trennverfahren, ebenso die Griechen. Maßgeblich weiterentwickelt wurde es im ersten Jahrtausend nach Christus allerdings von den Arabern. Sie führten unter anderem auch die Wasserdampfdestillation zur Herstellung von ätherischen Ölen und Duftölen aus Kräutern ein. Mit der Entdeckung des Alkohols im 12. Jahrhundert erhielt man dann eine brennbare Flüssigkeit, die in der Medizin breite Verwendung fand. Zur Herstellung von hochprozentigem Alkohol musste Wein mehrere Male destilliert werden. Über die Klöster und Universitäten verbreitete sich dieses neue Wissen im 14. Jahrhundert auch in Europa. Über Spanien gelangte es bis nach Flandern.

Anfänglich wurde das durch Brennen gewonnene aqua vitae als Heilmittel für die unterschiedlichsten Krankheiten verwendet. Zur Anwendung kam es nur tropfenweise. Die medizinischen Kräfte konnten noch verstärkt werden, indem man allerlei Beeren, Samen und Kräuter zusetzte. Bald stellte man freilich auch in Flandern fest, dass das

»Wasser des Lebens« nicht nur bei körperlichen Gebrechen heilend wirkte, sondern auch *den mensche droefheid* (des Menschen Betrübnis) vergessen ließ und *de herten vro ende oec stout ende coene* (die Herzen froh und kühn) machte. Vom Arzneimittel wandelte sich das offenkundig Euphorie erzeugende Destillat so zum Genussmittel. Und dieses versuchte bald jeder flämische Haushalt selbst zu produzieren.

Fast jede Familie nannte einen kleinen Branntweinkessel ihr Eigen, so hören wir bei unserer Tour auf der Hasselter *Jenever*-Route, die mehr als zwei Dutzend Stationen umfasst. Anfänglich destillierte man in den Kesseln nur Bier und Met. Ende des 16. Jahrhunderts trat anstelle des schalen Gerstensafts dann eine gegorene Getreidemaische aus Gerste, Roggen und Malz. Dieser Kornbranntwein wurde manchmal – wie seinerzeit die Arznei – mit Wacholderbeere, Anis, Kümmel oder Fenchel aromatisiert. Den Vorzug erhielt die Wacholderbeere – der Wacholderstrauch war schließlich in großen Mengen vorhanden. Außerdem schrieb man der Wacholderbeere von alters her Heilkräfte zu. So wurde etwa das Baden in Regenwasser, in dem Wacholderbeeren gekocht worden waren, empfohlen, um Hautkrankheiten und Darmerkrankungen zu heilen. Und mit dem Rauch brennender Wacholderbeeren und Wacholdersträucher desinfizierte man Räume, in denen sich Pestkranke aufgehalten hatten.

Im ersten Jahr des 17. Jahrhunderts indes schien es vorbei mit dem Siegeszug des *korenwijn* in den flandrischen Provinzen. Die Erzherzöge Albrecht und Isabella verboten per *placcaet* die Produktion und den Verkauf von Branntwein aus Getreide, Obst und Gemüse in den Südlichen Niederlanden. Denn die Fürsten waren, so ließen sie auf dem Aushang mit ihrem bekrönten Wappen in der Mitte verlauten, beunruhigt ob des übermäßigen Branntweingebrauchs ihrer Untertanen und der Ansicht, dass Getreide zum Backen von Brot und nicht zum Brennen von Kornbranntwein diene.

Hasselt, das bis 1795 nicht zu den Südlichen Niederlanden, sondern zum Prinzbistum Lüttich gehörte, war ausgenommen von dem Verbot. Hier durfte weiterhin Branntwein hergestellt werden. Während der holländischen Besatzung der Stadt kam es sogar zu einem beachtlichen Produktionsaufschwung. Unter der österreichischen Regierung (1713–1794) wurde das Brennen von Kornbranntwein – außer bei Getreideknappheit – in ganz Flandern wieder zugelassen und sogar gefördert. Dabei ging es dem Staat freilich weniger um den *jenever* als um die Schlempe: Mit diesem Brennrückstand wurde im Winter das Vieh gefüttert.

Im 19. Jahrhundert erlebte die belgische *Jenever*-Produktion, so hören wir, ihren Höhepunkt. Mit sechsundzwanzig Brennereien ist Hasselt heute noch die wichtigste Produktionsstätte im Land. Die ersten Brennereien lagen hauptsächlich im nordöstlichen Teil der Stadt, entlang des Demet-Flusses. Später rückten sie an den Rand der Innenstadt. Die *Jenever*-Barone bauten imposante Wohnhäuser, machten sich stark für den Ausbau von Verkehrswegen und führten schon früh moderne Apparaturen wie Dampfmaschinen, Dampfgeneratoren, Destilliersäulen ein. Auch für eine Gasbeleuchtung ihrer Firmen in der Nacht sorgten sie. Jetzt konnte ununterbrochen destilliert werden. Neue, billigere Rohstoffe wie etwa Zuckerrüben, Zuckerrübenmelasse, Kartoffeln, Mais und Topinambur kamen auf. Während des letzten Viertels des 19. Jahrhunderts entstanden in den großen Städten Hefe- und Spiritusfabriken, die auf groß angelegte Weise preiswerten, neutralen Alkohol produzierten.

Der billige *jenever* führte freilich zu übermäßigem Konsum. In der zweiten Hälfte des 19. Jahrhunderts wurden in Belgien nicht weniger als neuneinhalb Liter *jenever* pro Einwohner und pro Jahr getrunken! Unter dem Druck der Temperenzgesellschaften griff der Staat ein. Im Nationalen Genever-Museum von Hasselt in der ehemaligen Brennerei Stellingwerff / Theunissen ist auch zu dieser Schattenseite des Branntweinthemas eine Fülle von Material versammelt: Plakate, Schriften, Zeichnungen, mit oft drastischen Szenarien. Außer diesen frühen Dokumenten von Alkoholmissbrauch und Antialkoholpropaganda hat das Haus eine eindrucksvolle Kollektion von Produktionsgeräten, historischen *Jenever*-Bildern, Werbematerial, *Jenever*-Krügen, *Jenever*-Flaschen und *Jenever*-Gläsern aufgebaut.

Auch zur Akzisengesetzgebung finden sich aufschlussreiche Zeugnisse. Die landwirtschaftlichen Brennereien verloren im 19. Jahrhundert ihre Abgabenvergünstigung und mussten ebenso wie die industriellen Brennereien höhere Verbrauchssteuern bezahlen. Das traf die kleinen Destillateure schwer. Sie überlebten nur durch den Verkauf von Vieh und Mist. Das Aufkommen des Kunstdüngers und die Konkurrenz jener Landwirte, die sich immer mehr auf die Viehzucht konzentrierten, führte dazu, dass viele schließlich doch aufgeben mussten.

Der Erste Weltkrieg brachte den nächsten Schlag: Die Deutschen konfiszierten die kupfernen Destillierbottiche der verbliebenen Brennereien und benutzten das Metall zur Produktion von Munition. Darüber hinaus wurde 1919 das Vandervelde-Gesetz erlassen, wodurch der Ausschank von Alkohol in der Öffentlichkeit verboten und der Verkauf von starken Getränken nur unter der Bedingung erlaubt war, dass man zwei Liter auf einmal erwarb. Für die überaus gering entlohnten Arbeiter war das unbezahlbar, und der Branntweinmarkt brach ein.

Erst in den letzten Jahrzehnten wendete sich das Blatt und der *Jenever*-Konsum in Belgien nahm wieder leicht zu. Die Menschen interessierten sich wieder mehr für regionale Erzeugnisse, und auch das Aufkommen des Obst-*Jenevers* brachte dem Getreidebrand erneute Aufmerksamkeit. Zu den kräftig-puren Sorten mit bis zu vierzig Prozent Alkohol gesellen sich inzwischen fruchtig-milde Varianten (ab zwanzig Prozent), zum Beispiel mit den Aromen von Orangen, Zitronen, Äpfeln, Birnen, Pfirsichen, Kirschen oder roten Beeren.

Aus dem Borrelmanneke-Brunnen indes fließt

an diesem sonnigen Herbstnachmittag ein klarer, unparfümierter *korenwijn*. Und auch in den nächsten Stunden steht der klassische *jenever* im Mittelpunkt der Festlichkeiten: in den Kneipen, bei der Animation in den Straßen, dem Kirmestreiben am Jeneverplein, dem Kellnerwettlauf, dessen Sieger sein Gewicht in *jenever* aufgewogen bekommt. *Een glaasje oude klare*, ein Gläschen alter Klarer, lässt sich immer irgendwo verkosten. Seinen Namen – haben wir das schon erklärt? – verdankt er übrigens den Wacholderbeeren (flämisch: *jeneverbes*), mit denen der Alkohol nach dem Destillieren angereichert wird. In welchen Mengen, bleibt Herstellergeheimnis. Ansonsten aber dürfen Neugierige gerne zuschauen, wenn das Nationaal Jenevermuseum im Rahmen des Branntweinfestes mit der authentischen Brennanlage des 19. Jahrhunderts den neuen Museums-*Jenever* ansetzt. Nur rund tausend Steingutflaschen jährlich werden von diesem besonderen *korenwijn* abgefüllt – und der Bürgermeister der Stadt darf stets als Erster kosten. Auch bei Smeets, der letzten traditionellen Brennerei mitten in der Stadt, stehen in diesen Herbsttagen die Türen offen. Aber erst einmal strömen alle zum *borrel manneke* und schauen gebannt auf sein Fässchen. Dessen Größe entspricht übrigens dem am häufigsten vorkommenden Tonnengehalt, in dem der *jenever* einst an die Lokale geliefert wurde. Dieses Maß wurde der »Weiniox« oder »Ochsenkopf« genannt. Daher rührt auch der Spottname für die Hasselter: »Ochsenköpfe«.

Zarter Zungenschmelz, nicht nur für das Königshaus

So mancher Pralinenmeister darf sich sogar Hoflieferant nennen

Morgens um acht spazieren meist nur ein paar Tauben auf der Grand Place umher. Spätestens aber, wenn sich die Zeiger auf dem Ziffernblatt der Turmuhr am gotischen Rathaus zur Zehn formieren, brodelt Brüssels »Großer Platz« wie ein Hexenkessel. Fremde und Einheimische, Händler und Käufer, Flaneure und Fotografen – alle zieht es irgendwann auf das katzenkopfpflastrige, von neobarocken Bauten umstandene Karree im Herzen der Stadt. Der Grote Markt als Magnet. Warum, mag man sich fragen? Wegen der Architektur? Oder weil sich auf und um den Grote Markt alles konzentriert, was angeblich typisch belgisch ist: Bier, Fritten, feine Spitze – und natürlich Pralinen?

In dem Sträßchen zum berühmten Manneken Pis, der Rue de l'Etuve, locken gut ein Dutzend Werbetafeln zum Kauf von *chocolats belges*, also belgischen Pralinen. Auch auf Deutsch, Englisch, Italienisch, Spanisch und Japanisch prangen die Offerten – mit Preisangaben in den entsprechenden Landeswährungen. Weiße und braune Trüffelkugeln türmen sich in den Auslagen der schmalen Geschäfte, pastellgrüne Bonbons und grellrote

Zuckerkringel. Ein Laden hat sein Schaufenster ergänzend zu seinem Pralinensortiment mit Schokomeeresfrüchten, sahnegelben Spargelstangen und üppigen Brüsten aus elfenbeinheller, nougatfarbener, bitter-dunkler Schokolade dekoriert – mit den Nippeln in Kontrastfarben. Und selbstverständlich prangt überall der pinkelnde Nackedei von der Straßenecke – gegossen aus schwarzer, weißer oder karamellfarbener Schokolade, im Miniaturformat oder in Kleinkindgröße.

Ein paar Schritte weiter sieht die Brüsseler Pralinenwelt ganz anders aus. Keine Preistabellen vor dem Schaufenster, keine Werbetafel mit fremdländischen Schriftzeichen auf dem Trottoir. Nur ein rostbraunes, gewelltes Riesendreieck aus Metall über der Tür. »Planète Chocolat« buchstabiert sich der ausgestanzte Schriftzug in der eigenwilligen Fassadenskulptur. Die gläserne Verkaufstheke drinnen ist winzig. Dafür liegt über dem Raum intensiver Schokoladenduft. Denn Frank Duval hat im Erdgeschoss seines »Schokolade-Planeten« auch sein Produktionsatelier eingerichtet. Neugierige Süßmäuler können durch halbhohe Glaswände dem jungen Chocolatier zuschauen, wie seine nach Künstlerentwürfen geformten Pralinen entstehen. In den beiden gemütlichen Café-Salons eine Treppe höher lassen sich die dunkel-glänzenden Minireliefs, sahnigen Kleinplastiken und winzigen Milchschokoladeplaneten anschließend degustieren.

Bei »Mary« in der schnurgeraden Rue Royale, durch die im Minutentakt die Straßenbahnen kreischen, kitzeln ebenfalls köstliche Kakaoaromen die

Nase des Käufers. Doch der Blick in die Produktionsräume im Kellergeschoss ist tabu. Niemals würde Hoflieferant Jean Lamberty einen Fremden zuschauen lassen, wenn er ab morgens um fünf mit seinen drei Helfern seine *chocolats* produziert. Siebzig verschiedene hat er im Angebot. Das Gros von ihnen ist »schwarz«, also hergestellt aus einer Schokoladengrundmasse mit einem sehr hohen Kakaogehalt.

»Je höher, desto besser«, meinen die Lambertys. Und auch ihre Kunden. Sie lieben es, wenn Schokolade beim Hineinbeißen »knackt«. Das tut sie jedoch nur, wenn ihr Kakaogehalt mindesten siebzig Prozent beträgt. Lediglich knapp zehn Prozent des »Mary«-Sortiments basieren daher auf Milchschokolade. Die hat allerdings bei Chocolatier Jean immerhin auch schon einen Kakaogehalt von fast vierzig Prozent. Pralinen aus weißer Schokolade sucht man in seinem Angebot vergeblich. Denn: »Weiße Schokolade ist keine Schokolade.« Richtig: sondern lediglich Fett – die sogenannte Kakaobutter. Die wahre Schokolade ist für die Lambertys schwarz: »Schwarze Schokolade glänzt und fühlt sich an wie Seide.«

Seine Schokogrundmassen ordert Jean Lamberty beim gleichen Großhändler wie fast alle Brüsseler Chocolatiers. Die Auswahl dort ist freilich immens – und überdies hat jeder Käufer seine eigenen, streng gehüteten Rezepturen. Alle *extraits* und Füllungen stellt Lamberty jedoch selbst her – was bei seinen Kollegen nicht unbedingt die Regel ist. In Lambertys Atelier produziert man auch noch die, wie es im Fachjargon heißt, *snobinette*. Sieben Arbeitsgänge erfordert solch eine Praline. Siebenmal also nimmt sie der Chocolatier in die Hand. Denn Maschinen gibt es (außer den Kesseln, in denen die Schokoladegrundmassen auf konstanter Temperatur gehalten werden) keine bei diesem renommierten Schokoladenmeister. Seine *chocolats* sind – wie die von Frank Duval im »Planète Chocolat« – wirklich alle handgemacht. Und allerhöchstens jeweils drei Tage alt. »Was wir innerhalb dieses Zeitraums nicht verkaufen, essen wir selbst«, lächelt Lambertys Gattin Fanny.

Charmant empfängt sie die Kundschaft in ihrem wunderbar altmodischen, in blau und weiß gehaltenen, mit Kristalllüstern und goldgefassten Spiegeln ausgestatteten Verkaufssalon. Das Interieur stammt aus dem Jahr 1919 – als die erste »Mary« ihre Pforten öffnete. Fanny Lamberty ist Besitzerin Numero vier – und wie der Gründerin des Unternehmens hat ihr ihr Mann Jean eine eigene Praline kreiert. Natürlich ist es eine »schwarze«, eine Ganache: dunkle Schokolade mit einer Füllung aus weicher, mit Butter gemischter dunkler Kakaopaste.

Die weichen, luftigen Füllungen – aus leicht aufgeschlagener *crème fraîche* zum Beispiel, *crème au beurre*, Sabayons, Trüffel- oder Nusspasten – sind das Markenzeichen der Brüsseler Praline. »Erfunden« hat sie freilich ein Schweizer: Jean Neuhaus. Dessen Großvater eröffnete 1857 unter den Arkaden der Königlichen Galerie Saint-Hubert eine »Confiserie Pharmaceutique«, in der er selbst gemachte Hustenbonbons, Eibisch, Lakritze und bittere Schokoriegel vertrieb. Sohn Frédéric lenkte das Geschäft jedoch alsbald in andere Bahnen, ersetzte die medizinischen Produkte durch Fruchtgelees, Vanilleschokolade und jenes Konfekt aus gebranntem Zucker und Mandeln, das man (nach Marschall du Plessis-Praslin, dessen Koch es erfand) »prasline« nannte. Ab 1895 firmierte Frédéric Neuhaus auch nicht mehr als Apotheker, sondern unter der Bezeichnung »Confiseur – Chocolatier«. Nach seinem Tod übernahm Sprössling Jean, der eigentlich Ingenieur hatte werden wollen, 1912 das Unternehmen und tüftelte in den ehemaligen Apothekenkellern so lange, bis es ihm gelang, gefülltes Schokoladenkonfekt herzustellen. Unter dem Namen »Praline« brachte er es auf den Markt. Die Brüsseler waren entzückt; jeder wollte die Neuerfindung unbedingt kosten.

Der Trend zu Neuhaus' innovativer Süßigkeit blieb auch den Herren Henri Wittamer und Leonidas Kesdekidis nicht verborgen. Wittamer, gebürtig aus Arles mit österreichischen Ahnen, betrieb seit 1910 am Grand Sablon, wo noch heute vornehme Antiquitätenhändler ansässig sind, eine Pâtisserie. Neben Kuchen und Torten kreierte er bald auch Pralinen. Sein griechischer Kollege hatte schon um die Jahrhundertwende in den Vereinigten Staaten begonnen, *chocolats* herzustellen. Nach seiner Heirat mit einer Dame aus Brüssel festigte er seinen Wohnsitz in Belgien und begann, in einer Werkstatt am Marché aux Grains neue Pralinenarten zu entwickeln. Sein erster Verkaufsraum in der

Boulevard Anspach war nur durch das Fenster zu betreten. Durch diese Öffnung verkaufte Kesdekidis auch seine auf einem Tisch dahinter drapierten *chocolats*: Der Laden im Leonidas-Stil war geboren. Man findet ihn heute auf der ganzen Welt.

Nach Wittamer und Kesdekidis stieg in den zwanziger Jahren auch die Familie Draps ins belgische Pralinengeschäft ein. Bis zum Krieg verkaufte sie das in ihrer Brüsseler Fabrik produzierte, mit verschiedenen Cremes, Pasten und Sahnemischungen gefüllte Schokoladenkonfekt unter dem Familiennamen. Danach entschloss sich Joseph Draps, der seinen Vater an der Spitze des Unternehmens inzwischen abgelöst hatte, seine Kreationen unter einem klangvolleren Namen zu vertreiben: Er wählte Godiva. So hieß jene englische Lady, die der Legende nach anno 1057 nur mit ihren langen blonden Locken bekleidet durch die Straßen von Coventry ritt. Mit dieser kühnen Tat brachte die Herzogin ihren Mann davon ab, seinen Untertanen eine neue Steuer abzupressen. Das Bildnis der Lady ist heute das Wappen der Firma Godiva.

Wie Neuhaus ist auch Godiva längst nicht mehr in den Händen der Gründerfamilie. Neuhaus haben die Brüder Poncelet übernommen, denen inzwischen auch die Schokoladenfabrik Mondose und Corné Port Royal gehört. Godiva sowie die seit geraumer Zeit zu Godiva gehörende Marke Corné de la Toison d'Or wurden von der Campbell Soup Company aufgekauft. Melanie Draps, die Enkelin des Godiva-Gründers, führt die Familientradition jedoch auf eigene Faust weiter. Unter dem Namen

»Les délices de Mélanie« lässt sie ihre eigenen *chocolats* produzieren.

Der kleine Laden in der stillen Rue Grétry, in dem Madame Nadine Melanies Pralinenproduktion mit strahlendem Lächeln verkauft, war ursprünglich der erste Godiva-Laden in Brüssel. Die Einrichtung ist noch original – und die Herzlichkeit, mit der Madame Nadine ihre Kunden bedient, unübertroffen. Noch kein Käufer hat ihr Geschäft verlassen, ohne mindestens eines der *délices* während des Einkaufs zu probieren.

Eine ähnlich warme Atmosphäre findet sich auch am wuseligen Boulevard Adolphe Max. Dort liegt das nunmehr älteste Brüsseler Godiva-Geschäft: elegant gestylt in Schwarz und Gold. Gold glänzt natürlich auch bei Neuhaus, der Wiege der Praline, in der Galerie Saint-Hubert – gepaart allerdings mit einem dunklen Grün. Gold und Grün sind die Markenfarben des traditionsreichen Hauses, in dem sich tagtäglich Einheimische und Fremde vor den handgemachten *manons* und *truffes*, dem üppigen maschinengefertigten Sortiment und den noch immer mit zwei Holzstäbchen geformten Spezialitäten *caprice* und *tentation* drängen. Schokobraun gewandete Damen mit weißen Baumwollhandschuhen betten die ausgesuchten kleinen Köstlichkeiten sorgsam wie Diamanten in edle *ballotins*. Auch diese speziellen Pappschächtelchen hat übrigens der Tüftler Jean Neuhaus erfunden. Heute verwenden diese Pralinenverpackung – geschmückt natürlich mit dem eigenen Wappenzeichen – fast alle edlen Brüsseler Chocolatiers.

Ab und an sieht man auf der Straße auch noch manchen *pralineur* das typisch belgische Schokoladenkonfekt wie anno dazumal aus der Papiertüte naschen.

In Jean Gallers Brüsseler Salon »Chocolat-Thé« sind Papiertüten nicht vorgesehen. Aber sonst kann man an diesem wunderbaren Ort Schokolade in allen möglichen Variationen probieren. Torten, Eis, Milkshake – alles ist dem braunen Seelentröster gewidmet. Auch mit Gemüse, Fleisch oder Fisch paart Galler seine Schokolade. Ein Dutzend Franchisenehmer hat der findige Lütticher allein in Belgien schon für seine Idee gefunden. Neben Galler ist es vor allem Pierre Marcolini, der für die Innovation der süßen Hochkultur in Flandern und Wallonien steht. Erst jüngst sicherte sich der junge Belgier mit dem italienischen Namen die Exklusivrechte für die Produktion der raren mexikanischen Porzellanbohne. Marcolinis feine dunkle Schokoladen gibt es längst nicht mehr nur in Brüssel (zum Beispiel an der Place du Grand Sablon), sondern auch in Antwerpen (Huidevettersstraat) und Lüttich (Rue des Carmes). Mit Marcolini sind beim belgischen Verband der Schokoladenhersteller rund fünfhundert Pralinenmacher gemeldet – darunter nur eine Handvoll Frauen.

Claire Macq ist eine von ihnen. »Passion Chocolat« hat sie ihr Reich in der Rue Père Eudore Devroye genannt. Die ehemalige Sekretärin und alleinerziehende Mutter von vier Kindern hat sich ihr Wissen, das sie nun in zwei kleinen, weiß gekachelten Kellerräumen umsetzt, drei Jahre lang auf einer Abendschule angeeignet. Inzwischen zählt die zierliche Chocolatiere gut vier Dutzend Pralinen zu ihrem Repertoire. Jeden Monat kreiert sie eine neue. Aber eines ist allen gemeinsam: Sie sind klein! Und zwar aus Kalkül: »Wenn man ein oder zwei dicke Pralinen isst, ist man satt. Ich mache also kleine Pralinen, damit man mehrere essen kann. Und ich mache sie mit dünner Schokoladenhülle, damit man die Füllung gut schmeckt.« Bei all ihren *chocolats* leitet Claire ihr persönlicher Geschmack: »Ingwer oder Minze mag ich zum Beispiel nicht, die werde ich gewiss nie verarbeiten! Aber Früchte. Ihre Frische passt gut zum Geschmack der Bitterschokolade. Ich mache also Ganaches mit Passionsfrucht, Mandarine, Pampelmuse, Banane, schwarzer Johannisbeere.« Alles wird jede Woche frisch zubereitet. Einige Klassiker gibt es, wie bei manchen berühmten Kollegen, allerdings nur zu bestimmten Zeiten: »Zum Beispiel machen wir zu Weihnachten korkenförmige Pralinen mit Marc-de-Champagne-Füllung, Pralinen mit Kastanienpüree oder mit den ersten Mandarinen der Saison.«

Viele Arbeitsgänge haben auch in Claires Pralinenatelier schon Maschinen übernommen. Aber so manches erfordert immer noch Handarbeit und Körpereinsatz: »Zum Ausgießen der Formen etwa braucht man sehr kräftige Arme« – vielleicht zögern deshalb die Frauen, sich für das Metier des Chocolatiers zu entscheiden?

In zahlreichen Museen landauf, landab lässt sich Belgiens schokoladige Geschichte hautnah erleben – angefangen von Jo Draps Musée du Cacao et du Chocolat in Brüssel, über die Sammlung des Schokoladenherstellers Jacques in Eupen bis hin zum Musée de la Pâtisserie auf dem Château de Harzé und der »Choco-Story« in Brügge, für die der Künstler Wattiez eigens eine Schokoladenfee schuf. Ach ja – sogar auf die Bühne haben es die belgischen Pralinen geschafft: Im Brüsseler »Théâtre Marni«, einem ehemaligen Kino, inszenierte Philippe Blasband sein Stück »Les mangeuses de chocolat«. Der im Iran geborene Schriftsteller, Regisseur, Drehbuchautor und Filmemacher lebte als Kind sechs Jahre in Belgien. Dort habe er, vor allem von seiner Großmutter, wie er sagt, das Schokoladeessen gelernt. »Das gehörte zur Kultur unserer Familie.« Seine »Schokoladenesserinnen«, so Blasband, sind doppelgesichtig: Das Werk ist sowohl eine »süße Liebeserklärung« als auch eine ironische Abrechnung mit der Schokoladenlust der Belgier.

Glaubt man den Statistiken, essen die Bewohner des kleinen Landes täglich *chocolats* – zwölf Kilo pro Kopf (oder besser: Mund) im Jahr. Damit sind sie Weltmeister bei diesem sinnlichen Vergnügen. Und natürlich haben die belgischen Chocolatiers längst auch eine Praline mit Biergeschmack erfunden: herb im Kern, ummantelt von einer angenehmen Süße.

Der Belgier kauft seine Pralinen übrigens am liebsten bei »seinem« Chocolatier in der eigenen Stadt – nicht nur in Flandern. Um die Kundschaft immer mal wieder zu überraschen, experimentiert manch einer dieser Schokoladenkünstler nicht nur mit den Zutaten (von Tee über Thymian bis Tabak reichen inzwischen die Pralinenaromen), sondern auch mit der Optik seiner Kreationen. So verwundert es nicht, bei Hans Burie in Antwerpen Schokodiamanten zu entdecken oder im Schaufenster eines Brügger Chocolatiers eine Meerjungfrau aus Schokolade. Bei Van Hoorebeke in Gent liegt die Attraktion des Schokoladenateliers dem Besucher zu Füßen: Durch den gläsernen Fußboden wird er Augenzeuge, wie aus den verschiedensten Ingredienzien eine Fülle köstlicher *chocolats* entsteht.

Manhattan des Mittelalters

Gent brachte nicht nur Kaiser Karl V. hervor. Die historische Tuchmachermetropole ist auch eine traditionelle Hochburg der Arbeiterbewegung

»Kunst veredelt«. In goldenen Lettern schmücken die beiden Worte das Bühnenportal im Theatersaal. Draußen, an der hellen Fassade des imposanten, eklektischen Bauwerks spannt sich ebenfalls ein Buchstabenband: »Feestlokaal van Vooruit« steht dort geschrieben, in filigranen Versalien; verblichenes Karamell auf sandfarbenem Grund. Ein steinernes Transparent über hohen, kühn geschwungenen Fensterbögen, aufgespannt zwischen zwei Erkertürmen.

Ferdinand Dierkens mixte munter verschiedene Stile und setzte auf die neuesten Techniken seiner Zeit, als er um 1910 das monumentale Vooruit-Gebäude an der Genter Sint-Pietersnieuwstraat entwarf: Elf Geschosse und zwölf Meter Unterschied zwischen Hauptfassade und rückwärtigem Flügel an der Muinkschelde prägen den lichten Koloss. Dierkens, Sohn eines Genter Zimmermanns und ausgebildet an der lokalen Akademie, hatte bislang vor allem Industriegebäude geplant. Aber auch ein Herrenhaus in der Princes Clementinalaan und Ons Huis, das Zentrum der Sozialistischen Arbeitervereinigungen am Vrijdagmarkt, entstammten seiner Baumeisterfantasie.

Auftraggeber für das Vooruit war die Samenwerkende Maatschappij Vooruit, eine der großen Textilgenossenschaften der Stadt. Gent war damals das unbestrittene Zentrum der belgischen Textilindustrie und schon lange die Metropole des europäischen Tuchhandels. Dutzende von Flachs- und Baumwollspinnereien florierten an den Ufern von Schelde und Leie; sogar in der ehemaligen Kartause, im Kapuzinerkloster in der Reepstraat und im Gravensteen, der mittelalterlichen Grafenburg am Sint-Veerleplein, wurde Garn gesponnen. In den engen Gassen des Patershol-Viertels indes waren seit Generationen die Weber am Werk. Heute reihen sich hier Kneipen und Restaurants aneinander.

Der Bau der Fabriken La Linière und La Lys in der Vogelenzangstraat (wo übrigens einst auch das Anwesen der Familie Van Eyck stand, der die Stadt ihr berühmtestes Altarbild verdankt, das »Lamm Gottes«, auf das wir noch zurückkommen werden) hatte bereits 1838 die Ära des mechanisierten Flachsspinnens in Gent eingeläutet und damit ein neues Kapitel in der langen Textilgeschichte der Stadt aufgeschlagen.

Immer mehr Familien strömten zur Arbeit in das auf dreißig Flussinseln ruhende Reich der flämischen Textilkönige: In kaum hundert Jahren wuchs Gents Einwohnerzahl auf das Dreifache an. Der Platz zum Wohnen wurde knapp; die Menschen hausten in verfallenen Lagerschuppen, Kellern, Dachkammern, armseligen Hinterhofhäuschen. *Beluiken* nannte man diese typischen

Arbeiterquartiere. Bald erwuchs aus ihnen engagiertes, sozialistisches Gedankengut – ganz in der rebellischen Tradition Gents, das schon mit dem Aufstand seiner Bürger gegen den berühmtesten seiner Söhne, Kaiser Karl V., begann, im Bau des Belfried ihren architektonischen Ausdruck fand und bis heute in Gestalt der *stropkes* oder *stroppendragers* (Schlingen-um-den-Hals-Träger) beim Straßenumzug der Genter Feste lebendig ist. Gent wurde zur Wiege der flämischen Arbeiterbewegung. Genossenschaftliche Kohlenlager, Lebensmittelhandlungen und Bekleidungsgeschäfte entstanden. Und 1913, zur Weltausstellung, sollte eben auch das Vooruit eröffnet werden, eine Art Kultur-, Freizeit- und Versammlungstempel des roten Imperiums.

Streiks machten den vorgesehenen Termin zur Inbetriebnahme der Einrichtung jedoch zunichte. Der Ausbruch des Ersten Weltkriegs vereitelte die Einweihungsfeierlichkeiten ein zweites Mal. Erst nachdem die deutschen Besatzer 1918 abgezogen waren, begann die eigentliche Blütezeit des Vooruit.

Mehr als dreihundert Räume bergen seine Mauern; das gute halbe Dutzend großer Säle faszinierte die Massen bereits in den Anfangsjahren bei Konzerten, Bällen, Filmvorführungen, Theaterabenden, politischen Zusammenkünften oder sportlichen Aktivitäten. Im Domsaal, dessen Decke sich wölbt wie jene einer Kathedrale, ertüchtigten sich die Mitglieder des sozialistischen Gymnastikklubs. Frauen und Männer Seite an Seite! Ein gemischtgeschlechtlicher Sportverein – das hatte es zuvor nicht gegeben in Flandern.

Frappierend waren auch so manche Ideen des Architekten. Für den Konzertsaal, der direkt unter dem Theatersaal lag, hatte sich Baumeister Dierkens beispielsweise ein besonderes Beleuchtungssystem ausgedacht: Dank einer gläsernen Decke erhielt der Raum jenes Tageslicht, das über die Buntglasfenster des oberen Saales eingefangen und auch durch die Glasziegel des Orchestergrabens weitergegeben wurde. Statt fest installierter Sitze gab es zudem lose Holzbänke. Rasch entpuppte sich der Konzertsaal somit als Multifunktionstalent. Für Kinoerlebnisse etwa. Auch Dutzende von Kindern, die Ende der dreißiger Jahre aus dem Bürgerkriegs-Spanien entflohen waren, fanden Schutz unter dem transparenten Tonnendach; trafen unter und auf den Seitenbalkonen mit ihren Genter Adoptiveltern zusammen. Den Nazis hingegen fiel nichts Besseres ein, als den Konzertsaal als Pferde- und Schweinestall zu nutzen.

Im Café mit den Atlas-Statuen – *eene groote drink- en eetzaal*, ein großer Ess- und Trinksaal, wie es ein Redakteur der Vooruit-Zeitung lapidar umschrieb – hissten die deutschen Besatzer die Hakenkreuzflagge. Zuvor hatten hier die Socialistische Vooruitziende Vrouwen ihre zukunftsorientierte Haltung regelmäßig mit Modeschauen unter Beweis gestellt. Außerdem wurde jeden Samstagnachmittag zum Seniorenball geladen. Später war das »Vooruit-Café« mit seinem Fassungsvermögen von fast vierhundert Gästen Kulisse unter anderem für einen Boxkampf zwischen einem belgischen Saxofonisten und einem britischen Gitarristen. Auch eine Gipsy-Band spielte zwischen den Tischen: Drei Stunden lang ließen die Musikanten ihre Instrumente erklingen; erst dann reichte einer von ihnen den Hut herum. Irgendwann rollten eines Tages schließlich junge Performer auf dem Boden umher und »verloren« dabei peu à peu ihre Kleidungsstücke.

An diesem späten Frühlingsvormittag sitzen zwei alte Herren still bei Bier und Zeitung auf den Kaffeehausstühlen im Vooruit-Entree. Das Gros der übrigen Gäste indes zählt offensichtlich zur großen Genter Studentenschaft. In kleinen und größeren Grüppchen wird diskutiert über die neuesten Aufführungen, Ausstellungen, Musikereignisse, Lesungen, Schauspiele in der Stadt und vor allem in dem komplett restaurierten Vooruit, das anno 2000 als flämisches Bauwerk des Jahres ausgezeichnet wurde und noch immer für ein unkonventionelles, spartenübergreifendes Kulturangebot steht.

Ich sinne bei einem Kaffee weiter nach über die Rolle des Genossenschaftshauses im einstigen »Manchester des Kontinents«, dessen Relikte auch das MIAT bewahrt, das Genter Museum für industrielle Archäologie und Textilgeschichte. Untergebracht ist die aufschlussreiche Sammlung übrigens in einer ehemaligen Baumwollspinnerei. Eine Metalltreppe führt hinab zum Eingang. Früher dehnten sich auf dem Gelände die Minnemeers. Auf diesem Marschland, in der nördlichen Bucht der Leie, wurde seit dem 16. Jahrhundert Leinen gebleicht. Inzwischen hat hier ein Farbengarten seinen Platz mit gut drei Dutzend Pflanzen, die man einst zum handwerklichen Färben von Textilien benutzte. Und auch an Pierre De Geyter, den Genter Komponisten, der die »Internationale« vertonte, das Kampflied der sozialistischen Bewegung, wird hier erinnert: in Form einer Büste aus dem Atelier des Künstlers Tom Frantzen.

Bleiben wir aber noch ein wenig bei den Minnemeers. Der Name verweist auch auf die Meerjungfrau (flämisch: *meermin*), ein heidnisches Symbol für die bedrohliche Kraft der Sinnlichkeit, das von der mittelalterlichen Kirche vereinnahmt wurde. Womit wir bei Gent als »Manhattan des Mittelalters« wären, mit seiner prägnanten Silhouette von Kirchtürmen und dem Belfried (die man nicht nur von der Michaelisbrücke, sondern sehr gut auch vom obersten Stockwerk des MIAT sieht). Und bei einem der berühmtesten Kirchenschätze weltweit: dem Genter Altar von Jan van Eyck (und möglicherweise seinem Bruder Hubert).

Auch dieses Kunstwerk – Albrecht Dürer beschrieb es nach persönlicher Begutachtung als »überköstlich, hochverständig gemäl« – ließe sich deuten als einer der für Gent typischen rebellischen Akte: Zum einen ist mit der auf einer der zweiundzwanzig Bildtafeln dargestellten Eva das erste Mal eine Frau öffentlich nackt zu sehen. Und dazu noch aus nächster Nähe. Zum anderen »schocken« die Künstler mit Maßen und Massen: Fünfundzwanzig Quadratmeter misst die Bildfläche ihres Altars; mehr als zweihundertfünfzig Personen sind auf den Retabeln dargestellt. Präzise lassen sich Gewänder, Frisuren, Schmuck und Waffen erkennen; zudem fast fünfzig verschiedene Blüten- und Pflanzenarten, winzig, aber detailgenau. Maiglöckchen, Löwenzahn, Gänseblümchen, so manches Motiv könne man nur mit der Lupe erspähen, erklärt die Fremdenführerin. Ein einziges Pferdehaar habe dem Maler für diese Miniaturen als Pinsel gedient.

Staunend stehen wir in der Seitenkapelle der Sint-Bavo-Kathedrale, in der übrigens auch Karl V. seine Taufe erhielt. Erst nach einer geraumen Weile wird uns klar, dass wir eine fotografische Reproduktion des Flügelaltars betrachten. Wieder so ein Anflug zivilen Ungehorsams der Genter? Der originale Beweis Van Eyck'scher Genialiät hängt jedenfalls hinter schusssicherem Glas am anderen Ende des dreischiffigen Gotteshauses. Oder sagen wir: zumindest mehr als neunzig Prozent davon. Denn eine von den echten Tafeln dieses Ensembles, das schon die Begehrlichkeit von Napoleon und Hitler weckte (beide wollten es für »ihre« Museen; die Nazis hatten es bereits in ein Salzbergwerk im österreichischen Altaussee gebracht) fehlt.

Es sind ausgerechnet die »Gerechten Richter«, bei denen sich die Betrachter mit einer Kopie zufriedengeben müssen. Wie es dazu kam? Die Erklärung mutet an wie ein Thriller: Man schrieb den 10. April 1934. Wie üblich hatte die Kathedrale auch an diesem Tag ihre Pforten um 19 Uhr geschlossen. Längst umhüllte das Tuch der Nacht das Gotteshaus. Doch aus dem Inneren des Gebäudes fiel ein schwacher Lichtschein auf die Straße. Das war ungewöhnlich. Und erweckte die Aufmerksamkeit eines Subjekts, das auf dem Weg zu seinen üblichen »dunklen« Geschäften war. Kaum hatte sich der kleine Ganove der Kirche genähert, sah er zwei Männer aus ihr heraustreten. Sie trugen zwei große Holztafeln und mühten sich, diese rasch in einem in der Kapittelstraat geparkten Auto zu verstauen. Als sich der Augenzeuge bemerkbar machte, ohne freilich zu wissen, was genau da abtransportiert wurde, brachte ihn das Diebesduo mit einem Bündel Geldscheine zum Verschwinden. Und erkaufte auch seine Verschwiegenheit.

Es war ein anderer Mann, der das Schweigen brach. Arsène Goedertier, ein Finanzmakler aus dem nahen Wetteren, der in seiner Freizeit Flugzeuge entwarf und die Mondlandung voraussagte, gestand auf dem Sterbebett seine Beteiligung am Raub der beiden Altartafeln. Allerdings gab er den Aufenthaltsort der »Gerechten Richter« nicht preis. Sondern orakelte lediglich, dass sie für jedermann sichtbar seien, indes nur der Bischof diese Tafel an sich nehmen könne. Der hohe Kirchenmann freilich äußerte sich nicht. Während die Tafel mit Johannes dem Täufer bald wieder in den Besitz der Sint-Baafskathedraal gelangte, ohne dass man offiziell auf die Forderungen aus den rund ein Dutzend auf Französisch abgefassten Erpresserbriefen eingegangen war, blieb die Suche nach der Richter-Tafel bis heute erfolglos. Vergebens wurde das Wohnhaus Goedertiers auf den Kopf gestellt. Vergebens schickte man Wünschelrutengänger aus. Sogar eine

Brücke trug man ab und ein Kriegerdenkmal wurde zerlegt, weil man die »Gerechten Richter« darin vermutete. Gents ehemaliger Polizeichef Karel Mortier, der inzwischen drei Bücher über den spektakulären Fall geschrieben hat, wollte sogar den Fußboden unter der Orgel der Sint-Baafskathedraal abtragen lassen. Womit bewiesen wäre: Kunst veredelt nicht nur den Alltag in Gent, sondern vermag die Gemüter in vielerlei Weise zu bewegen.

Surreale Welten unter lieblichen Rosenhecken

Auf den Spuren des flämischen »Straßenbahn«-Malers Paul Delvaux in Koksijde-Sint-Idesbald

Ein Viertelstündchen vielleicht, mehr Zeit brauchen unsere Füße kaum von der Küste zu den einstigen Sümpfen. Vom feinen Sandstrand Koksijdes ins fruchtbare Holunderland. *Vliertuin* hieß auf Flämisch einst das Gebiet hinter dem faltigen Dünenkamm, wo uns heute Sint-Idesbald empfängt; ein üppiger Garten eher als ein Ortsteil. Als die ersten Steine dort zu Hausmauern wuchsen, war das 20. Jahrhundert mehr als eine Dekade vom Beginn seiner Regentschaft entfernt. Der mondäne Glanz Oostendes kannte noch keine regionale Konkurrenz; Knokkes Eleganz, die bald weltweit von sich reden machen sollte, schlummerte tief in den Zeichenpapieren der Architekten. Einzig das kleine Blankenberge entbot schon eine Ahnung der Zukunft mit seinem Kasino und seinem Bahnanschluss. Hinter den Dünen von Koksijde legten eine Handvoll Fischer den Grundstein für eine neue Zeit.

Einer, Maes mit Namen, erbaute mit seiner Familie anno 1886 im Windschatten der Sandwälle das erste kleine Gehöft. Niemals hätte er sich wohl vorstellen können, dass sein bescheidenes Heim einmal Kunst beherbergen würde. Doch tatsächlich zog kurz nach dem Ersten Weltkrieg John Bakker, ein Maler aus Holland, in den, wie er fand, poetischen Vlierhof. Doch nachdem heftige Gezeitenwechsel für einige Überschwemmungen auch des Küstenhinterlands bis zum *vliertuin* gesorgt hatten, sah sich Mijnheer Bakker nach einer neuen Bleibe und Wirkungsstätte um. Damit begannen für den Vlierhof acht wechselvolle Jahrzehnte. Inzwischen rückte jedoch ein anderes Fischerhäuschen von Sint-Idesbald in den Blickpunkt künstlerischer Aufmerksamkeit. George Grard hieß der Besitzer, 1931, in seinem dreißigsten Lebensjahr, hatte er den Beschluss gefasst, sich mit Emilienne, seiner ersten Frau, und dem Söhnchen George-Marcel definitiv an der belgischen Küste niederzulassen. *We weten niet hoe we leven, maar we leven* – »Wir wissen nicht, wie wir leben, aber wir leben«, erinnerte sich Grard später. In einem zweiten Fischerhäuschen richtete der Bildhauer und Zeichner aus Tournai ein Atelier ein. Es hatte regen Zulauf. Eine Schule wollte es Grard nicht nennen, »jeder arbeitete in seiner Ecke, es ging vielmehr um eine gemeinsame Art des Denkens. Um eine bestimmte Position im Leben und in der Kunst.« Pierre Caille zählte zu den regelmäßigen Atelierbesuchern, dann auch Creuz, Dasnoy, Tytgat – ihre Namen bezeichnen noch heute viele Straßen von Sint-Idesbald.

Aus Brüssel kam ab Mitte der vierziger Jahre immer wieder auch Paul Delvaux. Er war vier Jahre älter als Grard; er hatte bereits die ersten seiner berühmten Bahnhofsbilder gemalt (»Vue de la Gare du Quartier Leopold«, »Gare du Luxembourg«)

und sich – beispielsweise zu Aktkompositionen wie »La Dame rose« oder »Le Paravent«– vom Stil der großen flämischen Expressionisten Constant Permeke und Gustave de Smet inspirieren lassen, die er in ihrer Künstlerkolonie Sint-Martens-Latem vor den Toren von Gent wohl auch persönlich kennenlernen durfte. Für Delvaux' folgenden Stilwechsel in Richtung Surrealismus – 1938 bereits nahm er an einer von Marcel Duchamp organisierten Ausstellung dieser neuen Kunstrichtung teil – waren vor allen Dingen die Werke seines Landsmannes René Magritte von Bedeutung. Und wie später auch sein Freund Grard unternahm er prägende Reisen nach Italien. Einige Zeugnisse der von dem italienischen Maler Giorgio de Chirico begründeten Pittura metafisica hatte er allerdings zuvor bereits in Paris gesehen, im Rahmen der Ausstellung »Minotaure«. Delvaux destillierte die verschiedenen Einflüsse rasch zu einer eigenen Bildersprache: Seine Werke fallen auf durch realistisch gehaltene Hintergrundlandschaften, vor denen unbekleidete oder nur spärlich verhüllte Frauen das Bild dominieren. Auch die Welt des Schienenverkehrs diente ihm häufig als Motiv; erst im zeichnerischen Spätwerk traten Außenwelt und Interieurs zugunsten der zentralen menschlichen Figur immer weiter zurück. Sie war nach wie vor fast ausnahmslos weiblich und zeigte mindestens ihre bloßen Brüste. Obwohl er schon in der Nachkriegszeit einen Ruf als Professor an die Brüsseler École Nationale Supérieure d'Architecture et des Arts décoratifs (Hochschule für Architektur und angewandte

Künste) erhielt und ihm die Folgejahre eine weitere Professur an der Academie Royale sowie eine Fülle von Preisen, Ehrungen, Aufträgen bescherten – er stellte unter anderem bei der documenta 2 in Kassel aus, realisierte das Fresko des Kongresspalastes in Brüssel und die Wandmalerei im Kasino von Oostende sowie jene für das Zoologische Institut von Lüttich –, fand Delvaux stets Zeit für einen Abstecher an die Küste. Im Sommer 1971 übersiedelte er definitiv in die geliebte Meereslandschaft: nach Veurne. In dem westflämischen Städtchen wohnte er bis zu seinem Tod am 20. Juli 1994.

Sein Freund George Grard tat bereits zehn Jahre zuvor den letzten Atemzug; in seinem Fischerhäuschen in Sint-Idesbald. Er durfte aber noch die Gründung der Fondation Paul Delvaux und die Eröffnung ihres Museums in dem nach dem Krieg restaurierten und erweiterten Vlierhof erleben. Anlässlich der Stiftungsgründung kaufte Paul Delvaux Grards wunderbare Plastik »La Caille«, einen weiblichen Akt in Bronze. Die große, dralle, auf ihren Fersen hockende, vornübergebeugte Frauengestalt verbirgt ihr Gesicht in den am Boden verschränkten Armen; nur der Hinterkopf mit dem Haarknoten und die Wangenpartien sind dem Betrachter dargeboten. Die Skulptur thront bis heute inmitten des Vlierhof-Gartens, umgeben von saftig grünem Rasen und von farbenfroher Blütenpracht. »Eine kleine Allee, im Sommer voller Blumen, führt zum Museum«, notiert der passionierte Eisenbahn- und Frauen-Maler wenige Monate vor dem Ableben seines Freundes Grard. Die Beschreibung ist handschriftlich verfasst und auf Französisch, denn Delvaux stammte aus dem wallonischen Teil Belgiens: aus Antheit bei Huy, in der Nähe von Lüttich. In exakt dreizehn Zeilen umreißt der Künstler zur Eröffnung seines Sammlungsdomizils dann den Charakter seiner Arbeit, spricht von der großen Freude, die er stets beim Malen hatte, aber auch von der großen Anstrengung und von dem langen Prozess bis zur Harmonie und Balance der Werke. Es sind mehr als hundert Ölgemälde, Aquarelle, Zeichnungen und Drucke, die im Vlierhof versammelt sind, zusammen mit biografischen Fotos und Modellen der von Delvaux geliebten historischen Züge und Straßenbahnen. Das Konvolut hätte selbstverständlich den bescheidenen, weiß getünchten Flachbau des einstigen Fischeranwesens gesprengt; doch noch zu Lebzeiten des Künstlers wurde die Ausstellungsfläche verdoppelt und ein weitläufiges Souterrain gebaut. Eine breite Rampe führt in diese unterirdische Galerie, sodass wir fast ein wenig das Gefühl haben einzutauchen in die ganz spezielle Gedankenwelt von Delvaux, in der Traum und Wirklichkeit einander widerspruchslos begegnen.

Zurück im Erdgeschoss, umfängt uns die Realität nicht als frische Küstenbrise, sondern auch mit dem Duft von Kaffee und Kuchen: Denn zum Museum gehört auch ein kleines Café. Mit Blick auf Grardes »Caille«-Skulptur verabschieden wir uns hier von Sint-Idesbald.

Getauft mit Geuze oder Kriek

Bier in allen Varianten gehört unbedingt zum belgischen Lebensgenuss – und viele Sorten kommen aus Flandern

Sie heißen »Verbotene Frucht« oder »Plötzlicher Tod«, schmecken nach Sauerkirschen und Malz, prickeln manchmal wie Champagner und werden oft auch verkorkt wie jener. Belgische Biere sind Legende.

Ob *blonde* oder *brune*, herb oder fruchtig, stark oder mild, süß oder bitter – das kleine Land der Flamen und Wallonen kann sich rühmen, die größte Vielfalt an Biersorten zu brauen. Rund fünfhundert sollen es sein. Und nicht alle schmecken frisch gezapft am besten: Viele werden wie Wein aus der Flasche serviert und sogar wie dieser nach Jahrgängen sortiert. Beliebt, vor allem an heißen Tagen, ist das spritzige *witte bier* oder *bière blanche*, etwa aus Hoegaarden. Das *Leffe* ist schon gehaltvoller, und an die säuerlichen, nur in der Umgebung von Brüssel gebrauten *Lambic* oder *Geuze* muss man sich erst gewöhnen, ebenso wie an das schwere *Tripel*. Mehr als hundert Brauereien zählt Belgien noch heute (um 1900 waren es mehr als dreitausend); von kleinen wie Liefmans in Oudenaarde, wo das bernsteinfarbene *Goudenband* hergestellt wird, welches als Basis dient für das Kirschbier *Kriek*, bis hin zu Interbrew in Leuven, der fünftgrößten Brauerei Europas.

Apropos Leuven: Auch hier trotzt noch die eine oder andere Mikrobrauerei dem Multi. Die Domus-Brauerei zum Beispiel arbeitet im Herzen der Stadt, eine Pipeline führt direkt zu den Zapfhähnen des hauseigenen Wirtshauses. »Engel« und »Teufel« (*duvel*) netzen hier gleichermaßen die Zunge, Ersterer »tiefrotbraun, karamellwarm, voll und rund, sanfter Abgang, mit einer Spur reifer Waldfrüchte«. So steht es zumindest auf der Karte. Und selbstverständlich werden auf ihr auch die Hausmarken Nostra Domus und Con Domus blumig umschrieben.

Hoch oben auf der Beliebtheitsskala belgischer Bierkonsumenten stehen die Abtei- und Trappistenbiere – wenngleich ihre Produktion erst im 20. Jahrhundert zur Blüte gelangte. Die Tradition der Bier brauenden Trappisten – seinen Ursprung hat der Orden in der Abtei Notre-Dame de la Trappe in der Normandie – geht auf eine Reform zurück, nach der den Mönchen der Konsum des regional vorherrschenden Getränks erlaubt war, wenn sich das örtliche Wasser als ungenießbar erwies. Buttermilch oder Bier lautete vielerorts die Alternative …

In Belgien gibt es heute noch zwölf Trappistenklöster; fünf davon betreiben eine Brauerei: Chimay, Orval, Rochefort sowie Westmalle und Westvleteren. Die beiden Letzteren liegen in Flandern. Die Abtei von Westmalle unweit von Antwerpen wurde 1794 gegründet und erhielt Anfang des 19. Jahrhunderts den Status einer Trappistenabtei. Martinius Dom, der erste Abt, traf die Entscheidung, eigenes Bier zu brauen. Erstmals kosten durften es die Mönche in der Vorweihnachtszeit. Der örtliche Verkauf begann 1856. Seither wird in Westmalle auch Dunkelbier gebraut. Das aktuelle *Dubbel* lehnt sich aber an ein Rezept aus dem frühen 20. Jahrhundert an. Das Anfang der dreißiger Jahre von den Mönchen entwickelte *Tripel* gilt heute als herausragendes Beispiel dieser Biersorte.

Kennern sind indes die Hopfenerzeugnisse von Westvleteren das Höchste. *Westvleteren Twaalf* heißt für sie das weltbeste Bier. Erhältlich ist es freilich nur in geringen Mengen in der kleinen Abtei Sint Sixtus. Und der Käufer muss versprechen, dass das exquisite Elixier (es hat 10,2 Prozent Alkoholgehalt) ausschließlich für den privaten Genuss erworben wird und nicht etwa zum Weiterverkauf. Dennoch haben es ein paar pfiffige Lügner geschafft, einige Flaschen in Webshops anzubieten.

Nur drei Mönche und drei Laien brauen alle zwei Wochen rund vier Tage lang in Sint Sixtus; lediglich viertausendsiebenhundertfünfzig Hektoliter Bier im Jahr kommen bei ihrer Brautätigkeit heraus. Nur drei Sorten gibt es insgesamt; zu dem *Twaalf*, dem »Zwölfer«, gesellen sich das *Trappist Westvleteren Blond* mit 5,8 Prozent Alkohol und das *Trappist Westvleteren 8* mit acht Prozent. Dunkelbraun mit rubinrotem Schimmer entfaltet Letzteres – ähnlich wie sein »großer Bruder« – auf dem süßlich-malzigen Grundgeschmack einen lebendigen Reigen von Gewürz- und Früchtenoten, darunter Zimt, Nelken, Pfeffer, Anis, Apfel, Pflaume, Rosinen und Brombeere. Flaschenetiketten gibt es übrigens nicht bei den Brüdern von Sint Sixtus, nur die Farbe der Kronkorken gibt Auskunft über die Sorte. Und verpackt werden die Flaschen in altmodische Holzkisten, für die hohes Pfand zu zahlen ist.

Dass das *Westvleteren Twaalf* international so hochgelobt wurde – Tausende von Bierenthusiasten aus mehr als sechzig Ländern hatten auf der Website *www.ratebeer.com* das dunkle Starkbier von Sint Sixtus zur Krone der Bierschöpfung erkoren –, löste in der kleinen flämischen Abtei nicht unbedingt nur Begeisterung aus. Denn die Käufer stürmten mit einem Mal in Scharen in das Klosterlädchen. Bald waren alle Vorräte ausverkauft. Am 11. August 2005 ging die Nachricht um die Welt, dass das »weltbeste Bier« nicht mehr lieferbar sei. Die frommen Männer von Sint Sixtus sahen sich gezwungen, ihren Verkauf zu schließen. Erst ab dem 7. September waren wieder ein paar Flaschen zu haben; allerdings nicht mehr als zwei Kisten à vierundzwanzig pro Fahrzeug.

Inzwischen dient eine neue Abtei-Hotline nicht mehr nur der Information, sondern der Bestellung. Denn nur auf Reservierung ist das Klosterbier noch zu haben. Streng ist das Verfahren; nur einmal im Monat darf derselbe Kunde bestellen. Zwei Anrufe sind nötig. Der erste gilt den Fragen: Welche Sorte ist vorrätig und wie viel kann ich wann davon haben? Beim zweiten ist das Kennzeichen des Autos anzugeben, mit dem die Bestellung abgeholt wird. Oft freilich tutet das Besetztzeichen ewig aus dem Hörer …

»Wollen Sie nicht einfach etwas mehr brauen, damit die hohe Nachfrage befriedigt werden kann?« Bruder Joris schüttelt den Kopf, zitiert die Worte seines Abtes bei der Segnung des neuen Hightech-Brausaales. »Nein, wir sind Mönche, nicht Brauer. Wir müssen zwar von unserer Brauerei leben, aber nicht für sie. Wir brauen Bier, um uns das Leben als Mönche finanzieren zu können und unsere sozialen Projekte.« So sei es. Bei einem Fläschchen mit gelbem Kronkorken (das Weltmeisterbier!) im Empfangszentrum In de Vrede (das auch zu einem virtuellen Rundgang durch den Alltag der Mönche einlädt) lässt sich trefflich nachsinnen über die Worte von Bruder Braumeister …

Später geben mir die Menschen am Tresen freundlich Auskunft, wie ich am schnellsten nach Esen komme; sie kennen die kleine Gemeinde bei Diksmuide tatsächlich und schicken mich nicht nach Essen vor den Toren von Antwerpen. Esen also. Und auch hier geht es mir natürlich ums Bier. Ums *oerbier* vor allem; das Urbier. Von manchen Flamen wird es freilich gern als Hur(en)-Bier missverstanden, denn *oer* bedeutet umgangssprachlich auch Prostituierte.

Nat en straf sei es, also nass und stark, behaupten jedenfalls seine Erzeuger, De Dolle Brouwers. Und zeigen damit, dass sie nicht nur über einiges Know-how in Sachen Brauwesen verfügen, sondern auch über eine große Portion Humor. Die Biernamen und ihre optische Umsetzung sind weitere Beweise dafür. So hebt auf dem Etikett für das Weihnachtsbier »Stille Nacht« ein fröhlicher Schneemannkönig in einer weißen Winterlandschaft zugleich Bierglas und goldenes Zepter. Und für das Osterbier »Boskeun« sitzt das namensgebende Waldkaninchen lächelnd an einen Baum gelehnt mit einem vollen Bierglas in der Pfote. Beim – immer kleingeschriebenen! – *arabier* (die lautliche Assoziation zu Araber ist natürlich gewollt) ziert ein kunterbunter Papagei (Ara) die Flasche. Und für das *Dulle Teve* ist dem Zeichner eine wirklich überzeugende weibliche Nervensäge gelungen; denn nichts anderes bedeutet der Name dieses bitteren *Tripel*.

Wie zu ihm gibt es natürlich auch zur Bezeichnung der Brauerei selbst eine launige Geschichte. Moes Herteleer, die Seniorchefin, hatte sie uns erzählt. Oder zumindest einen Teil davon. Ihre beiden Söhne Kris und Jo – Kris, der Architekt und Brauereihistoriker aus Leidenschaft, ist heute der Inhaber des Unternehmens – unternahmen schon als Jungs Brauversuche in einem Schuppen. Als Studenten gewannen sie erste Preise für ihre Produkte. Schließlich kauften sie 1980 die aufgelassene alte Brauerei in Esen; eine von einst sechs Nebenerwerbsbrauereien.

Neben dem Bier hatten die Herteleer-Brüder indes eine zweite Passion: das Radfahren. Ihr »Klub« hatte allerdings nur vier Mitglieder: Jo, Kris und zwei Freunde. Das Quartett fuhr so manches Klassikerrennen, bewältigte mehrmals die Alpen und die Pyrenäen. Aber die vier Herren hatten auch die merkwürdige Angewohnheit, regelmäßig an einem Tag von Roeselare nach Cap Gris-Nez und zurück zu strampeln. *Dolle dravers* halt, durchgeknallte Radfahrer. Da war es nach ihrem Kauf der von einem Mediziner schon 1835 zusammen mit einer Destille ins Leben gerufenen späteren Familienbrauerei Costenoble nicht mehr weit zu den *dolle brouwers*, den verrückten Brauern. Auf rund tausend Hektoliter pro Jahr beläuft sich inzwischen ihre Produktion. Und längst sind die weder gefilterten noch pasteurisierten Gerstenspezialitäten von De Dolle Brouwers Kult in ganz Belgien. Auch die Besucher des Brauereigehöfts kommen nicht mehr nur aus Flandern. Aber Achtung: Eingelassen werden sie nur am Wochenende; während der alltäglichen Brautätigkeit bleibt das historische Anwesen geschlossen. Seine ehemalige Stallung haben die Herteleers übrigens zu einer hübsch-rumpeligen Kneipe umgestaltet. Kein Stuhl und Tisch gleicht hier dem anderen, dafür gibt es einen wärmenden Kamin; man kann Toppenbillard spielen oder die Aktzeichnungen und Stadtansichten in Aquarell von Kris Herteleer bewundern. Und natürlich die *dollen* Biere kosten, von denen manche stundenlang »kochten«.

Nachsatz

Einige Reportagen in diesem Band sind bereits
in deutschsprachigen Zeitungen und Magazinen
(*Frankfurter Allgemeine Zeitung, Frankfurter Rund-
schau, Rheinischer Merkur, touristik aktuell, Welt, Welt
am Sonntag*) erschienen. Für dieses Buch wurden
alle Texte aktualisiert, überarbeitet und erweitert.